CEO플랜 화법
가업승계 법인컨설팅

CEO플랜 화법
가업승계 법인컨설팅

초판 1쇄 발행 2024년 6월 25일

지은이 정원덕, 장재호, 양정현
펴낸이 장길수
펴낸곳 지식과감성#
출판등록 제2012-000081호

디자인 이현
편집 이현
검수 김지원
마케팅 김윤길, 정은혜

주소 서울시 금천구 벚꽃로298 대륭포스트타워6차 1212호
전화 070-4651-3730~4
팩스 070-4325-7006
이메일 ksbookup@naver.com
홈페이지 www.knsbookup.com

ISBN 979-11-392-1914-2(13320)
값 19,000원

- 이 책의 판권은 지은이에게 있습니다.
- 이 책 내용의 전부 또는 일부를 재사용하려면 반드시 지은이의 서면 동의를 받아야 합니다.
- 잘못된 책은 구입하신 곳에서 바꾸어 드립니다.

지식과감성#
홈페이지 바로가기

CEO 플랜이 필요한

_____ 님께

목차

프롤로그   8

1부 가족법인 만들기

1강 가족 법인을 통한 차등배당
1. 가족 법인 차등배당이 가능한 법적 근거   17
2. 차등배당 실행방법   19
3. 가족 법인의 법인세   23
4. 가족 법인 지배주주의 증여세   25

2강 감액배당
1. 감액배당의 개념   41
2. 주식발행초과금이 발생하는 이유   45
3. 주식발행초과금을 활용한 컨설팅 사례   49
4. 가수금을 활용한 컨설팅 사례   53
5. 저자 Tip   63

3강 조회 상담 화법
1. 배당이 필요한 이유 설명하기   67
2. 배당금에 부과되는 세금 설명하기   69
3. 주주 간 균등배당 설명하기   73
4. 차등배당 설명하기   75

2부 이익소각

1강 배우자증여를 통한 이익 소각
1. 프로세스   91
2. 과세관청의 인식   97
3. 조세 구제제도   103
4. 행정소송의 다양한 판례   107
5. 2023년 4월 수원지방법원 1심 판결   111

2강 자사주 실행 프로세스
1. 상법 절차 소개   121
2. 일자별 해야 할 일   123
3. 자사주를 실행할 때 필요한 부속서류   126

3강 조회 상담 화법
1. 자사주의 개요 설명하기   141
2. 자사주의 법적 근거 설명하기   145
3. 자사주에 따른 주주의 세금 설명하기   149
4. 이익 소각을 목적으로 하는 이유 설명하기   153
5. 이익 소각과 감자의 차이 설명하기   155

3부 정관변경(퇴직금 지급규정)

1강 2배 규정의 문제점
1. 2024년 퇴사 / 상승   165
2. 2024년 퇴사 / 하락   169
3. 10년 후 퇴사 / 상승   173
4. 10년 후 퇴사 / 하락   177
5. 한 장으로 정리   181

2강 3배 규정의 문제점
1. 2024년 퇴사 / 상승   185
2. 2024년 퇴사 / 하락   189
3. 10년 후 퇴사 / 상승   193
4. 10년 후 퇴사 / 하락   197
5. 한 장으로 정리   201

3강 초회 상담 화법
1. 퇴직금 준비가 필요한 이유 설명하기   205
2. 소득세 절세효과 설명하기   209
3. 법인세 절세효과 설명하기   215
4. 과세관청의 임원 퇴직금에 대한 인식 설명하기   219

5. 법인세법 한도 설명하기	223
6. 소득세법 한도 설명하기	227
7. 퇴직소득세 계산구조 설명하기	233

4강 경영인 정기보험의 활용

1. 경영인 정기보험의 장점	245
2. 보험료 손금처리에 대한 소송	249
3. 대법원판결 (사건: 2015다56147)	253

에필로그   255

프롤로그

우리는 하루하루 바뀌는 트렌드(Trend) 속에 살아간다. 유튜브(Youtube), 쇼츠(Shorts) 혹은 틱톡(TikTok)으로 적시에 필요한 정보를 찾고 있다. 이런 정보는 신속함과 간편하다는 장점은 있지만, 쉽게 정리되지 못하는 단점이 있다.

반면, "책"은 정보를 논리에 따라 체계적으로 정리하여 시간이 지나서도 다시 확인해볼 수 있는 장점이 있다. 특히 이 책에서 다루고자 하는 경제 경영 분야는 반드시 활자로 보아야 한다. 단순한 가십거리가 아니기 때문이다.

저자가 집필하는 글의 주제는 "기업 경영"이다. 내용 대부분이 상법, 세법과 같은 법률과 생경한 단어들이 대부분이다. 경영학 또는 법학을 전공했더라도 이해하기 쉽지 않다. 기업 경영에서 꼭 필요한 절세에 대한 분야는 주로 세무사들이 다루고 있다. 그들만의 눈높이에서 기술하기에 몇 장을 넘기기가 쉽지 않다.

이 책을 읽는 독자는 법인 컨설팅을 업으로 하는 컨설턴트 혹은 기업체 대표님일 것이다. 그래서 두 사람이 서로 대화하는 형태로 전개하고자 한다. 대표님이 묻고 컨설턴트가 짧게 대답하고 그 대답에 다시 묻고 답하는 형식이 반복되게 구성하였다. "좀 더 쉽게, 직관적으로" 표현하여 긴장감과 현장감이 증폭하여 독자의 이해를 증진시켰다.

기존 전개 방식에서 벗어나 법인 컨설팅 時 가장 트렌디(Trendy)한 내용 세 가지를 설명하고자 한다. 곁가지를 최대한 걷어내고 핵심된 내용만 집중적으로 살펴볼 것이다. 컨설팅을 할 때 가장 많이 거론되는 주제는 **"가족법인 설립"**, **"이익소각"**, **"퇴직금"**이다. 이 세 가지 주제를 상담하기 위해 대표님과 어떤 대화를 어떻게 전개할 것인지를 화법 중심으로 기술하였다. 핵심적인 컨설팅 전개는 단락을 나누어 대화하는 형태로 구성하였다.

1부는 **"배당전략"**을 다루었다. 배당은 퇴직금과 달리 주주만이 가지는 특권이다. 주주가 가진 지분율에 따른 균등배당이 기본임에도 부모가 자녀에게 부(富)의 이전 전략으로 차등배당을 하고자 한다. 하지만, 상속증여세법의 개정으로 차등배당을 현실적으로 하기에는 많은 세금이 따른다.

그러나 **"가족 법인을 통한 차등배당"**과 **"감액배당"**은 현실적인 조건을 만족하는 좋은 전략이다. 차등배당과 감액배당이 가능한 것에 대한 법률적 검토와 실행방법을 소개하였다.

2부는 **"이익소각"**을 다루었다. 자사주는 2011년 상법 개정으로 법인 컨설팅의 한 축으로 변함없이 진행하고 있다. **"배우자에게 주식 증여 후 이익 소각"** 프로세스로 세금을 내지 않고 법인의 돈 6억 원을 가져오는 컨설팅이 범람하고 있다. 이런 컨설팅에 대한 과세관청의 인식과 소득세 징수사례 및 행정소송의 다양한 판례를 소개함으로 정상적으로 이익 소각을 하기 위해서는 어떻게 전략을 구사해야 하는지 방향을 제시하였다.

3부는 **"퇴직금에 대한 이슈"**를 담았다. 퇴직금 이슈는 법인 컨설팅을 할 때 가장 기본적이고 중요한 테마(Thema)다. 법인을 운영하는 대표가 누릴 수 있는 보상(Exit) 중 소득세를 줄일 수 있는 가장 강력한 수단 중 하나이기 때문이다. 그러므로 법에서 허용하는 최대한의 퇴직금을 받도록 설계된다면 그 효과는 증폭된다.

하지만, 잘못된 법인 컨설팅으로 대표의 근무 기간과 연봉을 고려하지 않고 획일적으로 "2배" 혹은 "3배"로 퇴직금 지급규정을 만든 회사들이 많다. 이런 규정의 허점을, 퇴사하는 시기를 현재와 10년 후로 구분하여 지금 당장 퇴직금 지급규정을 왜 점검하고 개정해야 하는지를 명료하게 설명했다. 반드시 회사 상황에 맞는 규정정비가 필요하다.

2024년 6월

저자 정원덕, 장재호, 양정현

1부
가족법인 만들기

1강. 가족 법인을 통한 차등배당
2강. 감액배당
3강. 초회 상담 화법

1강

가족 법인을 통한 차등배당

» 1. 가족 법인 차등배당이 가능한 법적 근거
» 2. 차등배당 실행방법
» 3. 가족 법인의 법인세
» 4. 가족 법인 지배주주의 증여세

1. **차등배당이 가능한 근거:** 가족 법인의 차등배당은 상속증여세법 제45조의 5와 상속증여세법 제34조의 5에 따라 증여이익이 1억 원 미만이라면 세금 없이 차등배당이 가능합니다.

2. **차등배당 실행방법:** 새로운 법인을 설립하고 가족 법인이 모(母) 법인의 주주로 참여한 후, 모(母) 법인에서 배당을 실행합니다. 이때 모(母) 법인의 지배주주가 배당금을 포기하고, 포기한 배당금을 가족 법인이 받으면 됩니다.

3. **가족 법인의 법인세:** 차등배당을 받은 가족 법인은 배당금에 대해 법인세를 내야 합니다. 다만, 법인세법 제18조의 2에 따라 일부 금액은 익금불산입합니다.

4. **가족 법인 지배주주의 증여세:** 배당금을 받는 가족 법인의 지배주주는 받은 배당금에서 본인 지분율에 해당하는 부분에 대해 증여세를 내야 합니다. 하지만, 증여이익이 1억 원 미만이면 세금이 없습니다.

1. 가족 법인 차등배당이 가능한 법적 근거

첫 번째, 소수 지분을 가진 법인 주주에게 차등배당이 가능한 법적 근거를 설명하겠습니다.

묻고 가족 법인의 차등배당은 위법이 아닌가요?

답하고 아닙니다. 상속증여세법 제45조의 5에 따르면 지배주주와 가족 법인이 차등배당을 하면 이익을 증여한 것이 분명합니다. 하지만, 상속증여세법 시행령 제34조의 5에 그 이익이 1억 원 이상이어야 한다고 명확히 규정하고 있습니다.

> 『상속증여세법 제45조의 5
> (특정 법인과의 거래를 통한 이익의 증여의제)』
> ① 지배주주와 그 친족이 직접 또는 간접으로 보유하는 주식보유비율이 100분의 30 이상인 법인이 지배주주의 특수관계인과 다음 각 호에 따른 거래를 하는 경우에는 거래한 날을 증여일로 하여 그 특정 법인의 지배주주 등이 주식보유비율을 곱하여 계산한 금액을 그 특정 법인의 지배주주 등이 증여받은 것으로 본다.

1. 재산 또는 용역을 무상으로 제공받는 것
2. 재산 또는 용역을 통상적인 거래 관행에 비추어 볼 때 현저히 낮은 대가로 양도·제공받는 것
3. 재산 또는 용역을 통상적인 거래 관행에 비추어 볼 때 현저히 높은 대가로 양도·제공하는 것
4. 그 밖에 제1호부터 제3호까지의 거래와 유사한 거래로서 대통령령으로 정하는 것
② (중략)
③ (중략)
[전문개정 2019.12.31.]

『상속증여세법 시행령 제34조의 5
(특정 법인과의 거래를 통한 이익의 증여의제)』
① 삭제 <2020.2.11.>
② 삭제 <2020.2.11.>
③ 삭제 <2020.2.11.>
④ (중략)
⑤ 법 제45조의5 제1항을 적용할 때 특정 법인의 주주 등이 증여받은 것으로 보는 경우는 같은 항에 따른 증여의제 이익이 1억 원 이상인 경우로 한정한다. <개정 2020. 2. 11.>

2. 차등배당 실행방법

 두 번째, 가족 법인을 통한 차등배당 실행방법을 설명하겠습니다. 먼저 새로운 법인(가족 법인)을 설립하고, 가족 법인이 모(母) 법인의 주주로 참여한 후, 모(母) 법인에서 배당을 실행합니다.

묻고　법인(가족 법인)을 어떻게 설립하나요?

답하고　통상의 법인을 설립하는 절차와 같습니다. 법인 이름, 주소지, 사업목적, 임원 구성, 자본금 및 주주구성을 확정한 후, 법무사(온라인 설립도 가능)를 통하여 설립등기 신청을 하면 됩니다.

묻고　자본금과 주주는 어떻게 결정해야 합니까?

답하고　자본금은 1천만 원, 주주는 가족 구성원이 균등한 지분율을 가지도록 설정하면 됩니다. 설립하는 법인(가족 법인)이 왕성한 기업활동을 할 목적이 아니라면 자본금을 최소로 하는 것이 주주 지분율을 다양하게 구성할 수 있기 때문입니다. 자본금이 크면 클수록 주주가 부담해야 하는 금액은 많아집니다.

묻고 가족 법인이 모(母) 법인의 주주가 될 수 있나요?

답하고 네, 있습니다. 주주가 되기 위해서는 기존 주주의 주식을 매입하거나 증여받으면 됩니다. 혹은 증자에 참여하는 방식으로 주주가 될 수 있습니다. 모(母) 법인의 주주가 특수관계인인 부모라고 가정하면, 직계비속 증여에 대한 증여공제액을 활용한 증여로 세금 없이 주식을 받아 주주가 될 수 있습니다.

또는 모(母) 법인의 주식을 소량이라도 매입하면 됩니다. 이때 주식가격은 반드시 상속증여세법 시행령 제54조에 의한 보충적 평가방법으로 평가해야 합니다. 가족 법인이 모(母) 법인의 증자에 참여하여 주주가 되는 방법도 있지만, 절차와 방식이 복잡하여 실제 실행하지 않습니다.

『상속증여세법 시행령 제54조(비상장주식 등의 평가)』
① 비상장주식은 1주당 다음의 계산식에 평가한 가액과 1주당 순자산가치를 각각 3과 2의 비율(부동산 과다보유 법인은 2와 3의 비율)로 가중평균한 가액으로 한다. 다만, 그 가중한 가액이 1주당 순 자산가치의 80%보다 낮은 경우에는 1주당 순자산가치의 80%를 곱한 금액을 비상장주식 등의 가액으로 한다.
<2021.1.5.>

묻고   모(母) 법인 지분의 몇 %를 확보해야 합니까?

답하고   지분율은 상관없습니다. 지분율에 따른 균등배당이 아니라 대주주가 포기한 배당금을 소액주주가 받아오는 차등배당을 실행하기 위한 목적이므로 가족 법인이 모(母) 법인 지분을 얼마나 가지고 있는가는 문제가 되지 않습니다. 1주 이상이면 됩니다. 지분율이 0.001%라도 모(母) 법인의 주주이면 됩니다.

묻고   모(母) 법인에서 배당을 어떻게 해야 합니까?

답하고   주주총회에서 의결하면 됩니다. 상법에서 정하고 있는 절차와 방식에 따라 진행합니다.

묻고   가족 법인이 모(母) 법인의 주주가 되면, 모(母) 법인에서 바로 배당을 하면 되나요?

답하고   아닙니다. 최소 3개월이 지난 후 배당을 실행하는 것이 좋습니다. 왜냐하면, 배당금을 받은 가족 법인은 받은 배당금 전액에 해당하는 법인세를 내야 하기 때문입니다.

『법인세법 제18조의 2(내국법인 수입배당금액의 익금불산입)』
① 내국법인이 해당 법인이 출자한 다른 내국법인으로부터 받은 이익의 배당금 중 제1호의 금액에서 제2호의 금액을 뺀 금액은 각 사업연도의 소득금액을 계산할 때 익금에 산입하지 아니한다.
 1. 피출자법인별로 수입배당금액에 다음 표의 구분에 따른 익금 불산입률을 곱한 금액의 합계액

피출자법인에 대한 출자비율	익금 불산입률
50% 이상	100%
20% 이상 ~ 50% 이하	80%
20% 미만	30%

 2. 내국법인이 각 사업연도에 지급한 차입금의 이자가 있는 경우에는 차입금의 이자 중 제1호에 따른 익금불산입률 및 피출자법인의 자산총액에서 차지하는 비율 등을 고려하여 대통령령으로 정하는 바에 따라 계산한 금액
② 제1항은 다음 각호의 어느 하나에 해당하는 수입배당금액에 대해서는 적용하지 않는다.
 1. 배당기준일 전 3개월 이내에 취득한 주식 등을 보유함으로써 발생하는 수입배당금액

3. 가족 법인의 법인세

 세 번째, 차등배당을 받는 가족 법인의 법인세를 설명하겠습니다. 법인은 법인 자산이 증가한 부분(순자산 증가)에 대한 세금을 내야 합니다. 다만, 법인세법 제18조의 2에 따라 일부 금액은 익금불산입합니다.

피출자법인에 대한 출자비율	익금 불산입률
50% 이상	100%
20% 이상 ~ 50% 이하	80%
20% 미만	30%

묻고 가족 법인이 배당금 1억 원을 받는다고 가정하면, 소유한 주식지분에 따라 법인세를 얼마나 내야 합니까?

답하고 가족 법인(子 법인)이 소유한 모(母) 법인의 주식비율이 20% 미만이면 3천만 원은 비과세하고, 나머지 7천만 원에 대해 가족 법인이 법인세 630만 원을 냅니다.

만약, 가족 법인이 소유한 모(母) 법인의 주식비율이 20% 이상에서 50% 미만이면 8천만 원은 비과세하고, 나머지 2천만 원에 대해 가족 법인(子 법인)이 법인세 180만 원을 내지만, 주식비율이 50% 이상이면 전액 비과세합니다.

피 출자법인에 대한 출자비율	법인세 과세표준	법인세
50% 이상	0	0
20% 이상 ~ 50% 이하	20,000,000원	1,800,000원
20% 미만	70,000,000원	6,300,000원

묻고 법인세법 제18조의 2의 규정과 다르네요.

답하고 다르다고 생각할 수 있습니다. 법률 규정은 익금불산입이라는 용어를 사용하고 있습니다. 간단히 말하면 이익으로 보지 않는다는 말입니다. 익금불산입을 법인세 비과세로 바꾸어 설명한 것입니다.

법인(A)에 대한 출자비율	20% 미만	20% 이상 ~ 50% 미만	50% 이상
익금불산입	30%	80%	100%
법인세 비과세	**30%**	**80%**	**100%**
법인세 과세	70%	20%	0%

4. 가족 법인 지배주주의 증여세

네 번째, 배당금을 받는 가족 법인의 지배주주가 낼 증여세를 설명하겠습니다. 배당금과 주주구성에 따라 세금이 달라집니다.

1) A 법인 5억 원 배당 [가족 법인 지분율: 1%, 주주 4명]

A(부모) 법인이 5억 원의 배당을 실행하고 대주주인 부모가 본인이 받을 배당금 4.95억 원을 포기하면 가족 법인인 B(자녀) 법인이 5억 원의 배당금을 받습니다.

A(부모) 법인 주주	지분 비율	지분 배당금	실 배당금
부모	99%	495,000,000원	0
B(자녀) 법인	**1%**	5,000,000원	5억 원

배당금 5억 원을 받게 되는 가족 법인인 B(자녀) 법인은 해당 배당금에 대해 법인세를 내야 합니다.

묻고 배당을 받는 가족 법인은 얼마의 법인세를 냅니까?

답하고 45,835,000원을 내야 합니다.

해당 가족 법인인 B(자녀) 법인은 A(부모) 법인의 주식 중 1%를 소유하고 있어, 소유지분 20% 미만에 해당하여 4.95억 원 중 70%(30% 비과세)인 3.465억 원을 과세표준으로 해서 계산하면 법인세는 45,835,000원이 됩니다.

계산: (4.95억 × 70%) × 19% − 0.2억 = 45,835,000원

묻고 차등배당을 받은 가족 법인의 주주는 얼마의 증여세를 냅니까?

답하고 증여세 12,458,250원을 내야 합니다. 아래와 같이 주주 4명이 각 4분의 1씩 소유하고 있다면 1인의 증여가액은 112,291,250원입니다. 상속증여세법(시행령 제35조의 5)에서 정한 기준인 1억 원 이상이므로 전액 증여가액이 됩니다.

계산: 495,000,000 - 45,935,000 = 449,165,000

449,165,000 ÷ 4명 = 112,291,250원

112,291,250 × 20% - 10,000,000 = 12,458,250원

지분율	초과배당	익금산입	법인세
25%	① 4.95억	② 3.465억	③ 45,835,000원
25%			
25%			
25%			
법인세 차감 후 배당금		④ 449,165,000원	
주주별 수증이익		⑤ 112,291,250원	
주주별 증여세		⑥ 12,458,250원	

1부. 가족법인 만들기 | 27

묻고 만약에 A(부모) 법인이 4억 원의 배당을 실행하면 증여세가 얼마입니까?

답하고 안 나옵니다. 아래와 같이 주주 4명이 각 4분의 1씩 소유하고 있다면 1인의 증여가액은 90,833,000원입니다. 주주 별 수증이익이 증여의제 기준인 1억 원 미만으로 계산되어 증여세가 없습니다.

계산: 396,000,000 - 277.200.000 = 363,332,000
　　　363,332,000 ÷ 4명 = 90,833,000원

지분율	초과배당	익금산입	법인세
25%	① 3.96억	② 2.772억	③ 32,668,000원
25%			
25%			
25%			
법인세 차감 후 배당금		④ 363,332,000원	
주주별 수증이익		⑤ 90,833,000원	

묻고 가족 법인의 주주가 4명인 경우 증여세가 나오지 않는 A(부모) 법인의 최대 배당금은 얼마인가요?

답하고 4억 3,810만 원을 배당하면 됩니다. 아래와 같이 주주 4명이 각 4분의 1씩 소유하고 있어 1인의 증여가액은 99,958,175원입니다. 주주 별 수증이익이 증여의제 기준인 1억 원 미만으로 계산되어 증여세가 없습니다.

계산: 438,100,000 - 38,267,300 = 399,832,700
399,832,700 ÷ 4명 = 99,958,175원

2) A 법인 5억 원 배당 [가족 법인 지분율: 20%, 주주 4명]

A(부모) 법인이 5억 원의 배당을 실행하고 대주주인 부모가 본인이 받을 배당금 4억 원을 포기하고 가족 법인인 B 법인이 5억 원의 배당금을 받습니다.

A(부모) 법인 주주	지분 비율	지분 배당금	실 배당금
부모	80%	400,000,000원	0
B(자녀) 법인	**20%**	100,000,000원	5억 원

배당금 5억 원을 받게 되는 가족 법인인 B(자녀) 법인은 법인세 7,200,000원을 내야 합니다.

계산: (4억 × 20%) × 9% = 7,200,000원

묻고 왜 법인세를 7,200,000원만 냅니까?

답하고 해당 가족 법인인 B(자녀) 법인은 A(부모) 법인의 주식 중 20%를 소유하고 있어, 소유지분 20% 이상에 해당하여 4억 원 중 20%(80% 비과세)인 8,000만 원을 과세표준으로 계산하면 법인세는 720만 원입니다.

묻고 차등배당을 받은 가족 법인의 주주는 얼마의 증여세를 냅니까?

답하고 안 나옵니다. 아래와 같이 주주 4명이 각 4분의 1씩 소유하고 있다면 1인의 증여가액은 98,200,000원입니다. 주주 별 수증이익이 증여의제 기준인 1억 원 미만으로 계산되어 증여세가 없습니다.

계산: 400,000,000 - 7,200,000 = 392,800,000
　　　392,800,000 ÷ 4명 = 98,200,000원

지분율	초과배당	익금산입	법인세
25%	① 4억	② 0.8억	③ 7,200,000원
25%			
25%			
25%			
법인세 차감 후 배당금		④ 392,800,000원	
주주별 수증이익		⑤ **98,200,000원**	

묻고 가족 법인의 주주가 4명인 경우 증여세가 나오지 않는 A(부모) 법인의 최대 배당금은 얼마인가요?

답하고 4억 730만 원을 배당하면 됩니다. 아래와 같이 주주 4명이 각 4분의 1씩 소유하고 있어 1인의 증여가액은 99,992,150원입니다. 주주 별 수증이익이 증여의제 기준인 1억 원 미만으로 계산되어 증여세가 없습니다.

계산: 407,300,000 - 7,331,400 = 399,968,600
399,968,600 ÷ 4명 = 99,992,150원

3) A 법인 2억 원 배당 [가족 법인 지분율: 1%, 주주 2명]

A(부모) 법인이 2억 원의 배당을 실행하고 대주주인 부모가 본인이 받을 배당금 1.98억 원을 포기하고 가족 법인인 B 법인이 2억 원의 배당금을 받습니다.

A(부모) 법인 주주	지분 비율	지분 배당금	실 배당금
부모	99%	198,000,000원	0
B(자녀) 법인	1%	2,000,000원	2억 원

배당금 2억 원을 받게 되는 가족 법인인 B(자녀) 법인은 법인세 12,474,000원을 내야 합니다.

계산: (1.98억 × 70%) × 9% = 12,474,000원

묻고 왜 법인세를 12,474,000원만 냅니까?

답하고 해당 가족 법인인 B(자녀) 법인은 A(부모) 법인의 주식 중 1%를 소유하고 있어, 소유지분 20% 미만에 해당하여 1.98억 원 중 70%(30% 비과세)인 1.386억 원을 과세표준으로 계산하면 법인세는 12,474,000원입니다.

묻고 차등배당을 받은 가족 법인의 주주는 얼마의 증여세를 냅니까?

답하고 안 나옵니다. 아래와 같이 주주 2명이 각 2분의 1씩 소유하고 있다면 1인의 증여가액은 92,763,000원입니다. 주주 별 수증이익이 증여의제 기준인 1억 원 미만으로 계산되어 증여세가 없습니다.

계산: 198,000,000 - 12,474,000 = 185,526,000원
　　　185,526,000 ÷ 2명 = 92,763,000원

지분율	초과배당	익금산입	법인세
50%	① 1.92억	② 1.386억	③ 12,474,000원
50%			
법인세 차감 후 배당금		④ 185,526,000원	
주주별 수증이익		⑤ **92,763,000원**	

묻고 가족 법인의 주주가 2명인 경우 증여세가 나오지 않는 A(부모) 법인의 최대 배당금은 얼마인가요?

답하고 2억 1,340만 원을 배당하면 됩니다. 아래와 같이 주주 2명이 각 2분의 1씩 소유하고 있어 1인의 증여가액은 99,977,900원입니다. 주주 별 수증이익이 증여의제 기준인 1억 원 미만으로 계산되어 증여세가 없습니다.

계산: 213,400,000 - 13,444,200 = 199,955,800
　　　199,955,800 ÷ 2명 = 99,977,900원

4) A 법인 2억 원 배당 [가족 법인 지분율: 20%, 주주 2명]

A(부모) 법인이 2억 원의 배당을 실행하고 대주주인 부모가 본인이 받을 배당금 1.6억 원을 포기하고 가족 법인인 B 법인이 2억 원의 배당금을 받습니다.

A(부모) 법인 주주	지분 비율	지분 배당금	실 배당금
부모	80%	160,000,000원	0
B(자녀) 법인	**20%**	40,000,000원	2억 원

배당금 2억 원을 받게 되는 가족 법인인 B(자녀) 법인은 법인세 2,880,000원을 내야 합니다.

계산: (1.6억 × 20%) × 9% = 2,880,000원

묻고 왜 법인세를 2,880,000원만 냅니까?

답하고 해당 가족 법인인 B(자녀) 법인은 A(부모) 법인의 주식 중 20%를 소유하고 있어, 소유지분 20% 이상에 해당하여 1.6억 원 중 20%(80% 비과세)인 0.32억 원을 과세표준으로 계산하면 법인세는 2,880,000원입니다.

묻고 차등배당을 받은 가족 법인의 주주는 얼마의 증여세를 냅니까?

답하고 안 나옵니다. 아래와 같이 주주 2명이 각 2분의 1씩 소유하고 있다면 1인의 증여가액은 78,560,000원입니다. 주주 별 수증이익이 증여의제 기준인 1억 원 미만으로 계산되어 증여세가 없습니다.

계산: 160,000,000 - 2,880,000 = 157,120,000
　　　157,120,000 ÷ 2명 = 78,560,000원

지분율	초과배당	익금산입	법인세
50%	① 1.6억	② 0.32억	③ 2,880,000원
50%			
법인세 차감 후 배당금		④ 157,120,000원	
주주별 수증이익		⑤ **78,560,000원**	

묻고 가족 법인의 주주가 2명인 경우 증여세가 나오지 않는 A(부모) 법인의 최대 배당금은 얼마인가요?

답하고 2억 360만 원을 배당하면 됩니다. 아래와 같이 주주 2명이 각 2분의 1씩 소유하고 있어 1인의 증여가액은 99,967,600원입니다. 주주 별 수증이익이 증여의제 기준인 1억 원 미만으로 계산되어 증여세가 없습니다.

계산: 203,600,000 - 3,664,800 = 199,935,200
      199,935,200 ÷ 2명 = 99,967,600원

2강
| 감액배당

» 1. 감액배당의 개념
» 2. 주식발행초과금이 발생하는 이유
» 3. 주식발행초과금을 활용한 컨설팅 사례
» 4. 가수금을 활용한 컨설팅 사례
» 5. 저자 Tip

1. **감액배당의 개념:** 감액배당은 자본준비금을 재원으로 해서 실행하는 배당입니다. 소득세법 제17조 1항의 의제배당임에도 2항에서 규정한 조건에 맞춘다면 비과세입니다.

2. **주식발행초과금이 발생하는 이유:** 자본금을 증자할 때 액면가가 아닌 시가로 증자할 때 발생합니다. 통상적으로 균등증자가 아닌 불균등증자로 발생합니다.

3. **주식발행초과금을 활용한 컨설팅 사례:** 자본잉여금 19억 원 중 17억 원을 세금을 내지 않고 주주 2명이 공평하게 비과세 배당으로 받아 갔습니다.

4. **가수금을 활용한 컨설팅 사례:** 가수금 10억 원의 원천인 부모가 자녀 회사 부채비율을 낮추기 위해 자본금 증자에 참여하여 발생한 주식발행초과금을 재원으로 자녀에게 4.75억 원을 배당한 사례입니다.

5. **저자 Tip:** 감액배당에 대해 과세당국은 법인세법 제18조를 부분 개정하여 통제하고 있으나, 소득세법은 아직 개정이 이루어지지 않음으로 신속한 실행을 고려해 봐야 합니다.

1. 감액배당의 개념

 첫 번째, 감액배당의 개념을 설명하겠습니다. 감액배당은 자본잉여금 중 자본준비금을 재원으로 하는 배당을 말합니다. 감액배당을 알기 위해서는 잉여금, 자본잉여금, 자본준비금이 어떻게 다른지 정확한 구분이 필요합니다.

묻고 감액배당을 받으면 왜 세금이 없습니까?

답하고 감액배당은 소득세법 제17조에 해당하지 않기 때문입니다. 감액배당은 제17조 제1항의 의제배당임에도 제2항에서 규정한 조건에 맞춘다면 세금이 없는 비과세로 회사 자본을 주주가 가져올 수 있습니다.

자본잉여금 중 자본준비금을 재원으로 배당을 실행하면 됩니다. 자본준비금이란 주식을 발행할 때 액면을 초과한 금액, 자본을 감소할 때 감소액이 반환액을 초과한 금액, 회사를 합병할 때 순자산액입니다.

감액배당은 반드시 자본금의 1.5배를 초과하는 금액이어야 합니다.

『상법 제461조의 2(준비금의 감소)』
회사는 적립된 자본준비금 및 이익준비금의 총액이 자본금의 1.5배를 초과하는 경우 주주총회의 결의에 따라 그 초과한 금액 범위에서 자본준비금과 이익준비금을 감액할 수 있다.
[본조신설 2011.4.14.]

묻고 이익준비금이 무엇입니까?

답하고 이익배당을 할 때 반드시 적립해야 하는 준비금입니다. 이익배당액의 10% 이상을, 자본금의 2분의 1 이상이 될 때까지 적립해야 합니다.

『상법 제458조(이익준비금)』
회사는 그 자본금의 2분의 1이 될 때까지 매 결산기 이익배당액의 10분의 1 이상을 이익준비금으로 적립해야 한다. 다만, 주식배당의 경우에는 그러하지 아니한다.
[전문개정 2011.4.14.]

묻고 그런데 왜 자본준비금으로 배당을 하면 세금을 내지 않아도 됩니까?

답하고 주주의 돈이기 때문입니다. 자본준비금이 형성된 과정을 살펴보면 순전히 주주와의 거래로 생긴, 자본금을 초과한 돈입니다. 이러한 이유로 세금을 내지 않아도 됩니다.

묻고 감액배당은 적립된 자본준비금이 있으면 언제나 배당을 실행할 수 있나요?

답하고 아닙니다. 적립된 금액이 자본금의 1.5배를 초과해야만 배당을 실행할 수 있습니다. 상법에 해당 내용이 있습니다.

이렇게 적립해야 하는 이유는 잉여금을 조건을 두지 않고 배당하면 자본 충실화를 침해하기 때문입니다. 상법 제458조에 해당 내용이 있습니다.

묻고 그러면 이미 이익준비금이 자본금의 1.5배를 초과하였다면 자본준비금 전부를 배당해도 되겠네요.

답하고 네. 맞습니다. 만약, 이익준비금이 전혀 없다면 자본준비금 중에서 자본금의 1.5배를 먼저 적립하고 나머지 금액을 배당하면 됩니다.

『소득세법 제17조(배당소득)』

① 배당소득은 해당 과세기간에 발생한 다음 각호의 소득으로 한다.

1. 내국법인으로부터 받는 이익이나 잉여금의 배당 또는 분배금
2. 법인으로 보는 단체로부터 받는 배당금 또는 분배금
3. 의제배당(擬制配當)
4. 법인세법에 따라 배당으로 처분된 금액

(중략)

② 의제배당이란 다음 각호의 금액을 말하며, 이를 해당 주주, 사원, 그 밖의 출자자에게 배당한 것으로 본다.

   1. 주식의 소각이나 자본의 감소로 인하여 주주가 취득하는 금전, 그 밖의 재산 가액(價額) 또는 퇴사·탈퇴나 출자의 감소로 인하여 사원이나 출자자가 취득하는 금전, 그 밖의 재산 가액이 주주·사원이나 출자자가 그 주식 또는 출자를 취득하기 위하여 사용한 금액을 초과하는 금액
   2. 법인 잉여금의 전부 또는 일부를 자본 또는 출자의 금액에 전입함으로써 취득하는 주식 또는 출자의 가액

2. 주식발행초과금이 발생하는 이유

두 번째, 주식발행초과금이 발생하는 이유를 설명하겠습니다. 자본금을 증자할 때 액면가가 아닌 시가로 증자할 때 발생합니다. 통상적으로 균등증자가 아닌 불균등증자로 생깁니다.

묻고 주식발행초과금은 언제 발생합니까?

답하고 자본금을 증자할 때 발생합니다. 일반적으로 증자에 주주 모두가 참여하지 않고 주주 중 일부만 참여하면 주식 가액을 액면가가 아닌 시가로 평가한 주식을 참여한 주주에게 줍니다. 시가와 액면가의 차이가 주식발행초과금이 됩니다.

묻고 불균등증자를 할 때 꼭 시가로 평가해야 합니까?

답하고 네. 시가로 평가해야 합니다. 만약 시가로 평가하지 않고 액면가로 주식을 발행하여 증자에 참여한 주주에게 주게 된다면 증자에 참여하지 않는 주주는 손해가 발생하며, 이러한 행위로 증자에 참여한 주주에게 해당 차익만큼의 "증여의제"가 발생합니다.

묻고 복잡하네요. 쉽게 예를 들어 설명 부탁합니다.

답하고 네, 얼마 전 상담했던 회사를 대상으로 설명하겠습니다. 해당 회사의 주식 1주당 가액은 만원, 주식 수는 10,000주. 자본금은 1억 원입니다. 20억 원의 자본금을 증자할 때, 주주 2명 중 한 명만 증자에 참여합니다.

증자에 참여하는 주주에게는 주식을 줘야 합니다. 이때 주식 가액이 20만 원으로 평가되어 증자 대금 20억 원에 대해 20만 주가 아닌 만 주를 줍니다. 이에 따라 20억 원 중 1억 원은 자본금이 되고 나머지 19억 원은 주식발행초과금이 됩니다. 증자 후 총 자본금은 2억 원입니다.

묻고 B에게 주식을 200,000주를 주면 안 되나요?

답하고 증자 시 주식의 평가액이 200,000원이었으므로 만 주를 줘야 합니다.

만약, B에게 20만 주를 주면 다음과 같이 지분율은 2%:98%가 됩니다. 증자하는 시점의 A의 지분 금액이 10억 원이었지만 증자 후 A의 지분 금액은 1억 원도 되지 않습니다.

구분		A 주주	B 주주	계
증자 전	주당 가액	200,000원		
	주식 수	5,000주	5,000주	10,000주
	지분 금액	10억	10억	20억
	지분율	50%	50%	100%
증자 후	주당 가액	19,048원		
	주식 수	5,000주	205,000주	210,000주
	지분 금액	95,238,095	3,904,761,905	**40억**
	지분율	2%	98%	100%

증자하는 시점, 기업 가치는 20억 원(만 주 × 200,000원)으로 A는 10억 원, B도 10억 원의 가치를 가지고 있었습니다.

B는 20억 원의 자본금이 필요한 시점에 20억 원을 출자하여 B의 보유주식 가치는 30억 원이 됩니다. A는 10억 원, B는 30억 원의 가치를 가져 지분율은 25% 대 75%가 되어야 합니다.

구분		A 주주	B 주주	계
증자 전	주당 가액	200,000원		
	주식 수	5,000주	5,000주	10,000주
	지분 금액	10억	10억	20억
	지분율	50%	50%	100%
증자 후	주당 가액	200,000원		
	주식 수	5,000주	15,000주	20,000주
	지분 금액	**10억**	**30억**	**40억**
	지분율	25%	75%	100%

3. 주식발행초과금을 활용한 컨설팅 사례

　세 번째, 주식발행초과금 활용 컨설팅 사례를 설명하겠습니다. 2015년 법인을 설립하여 운영하던 중 2020년 투자금 20억 원을 B 주주로부터 유치했고 2023년 11월 11일 현재 법인의 재무상태는 다음과 같습니다.

법인 설립: 2015년 1월
　자본금: 1억 원 (액면가 10,000원, 주식 수 10,000주)
　주식 수: A(10,000주), 지분율: 100%
투자자 유치: 2020년 1월
　투자금: 20억 원
　신주발행: 10,000주
　주당 평가액: 200,000원
현 재무상태표 자본 현황
　자본금 2억 원 (액면가 10,000원, 주식 수 20,000주)
　주식 수: A(10,000주), B(10,000주), 지분율: 5대5
　자본잉여금: 19억 원
　　자본준비금: 19억 원
　미처분이익잉여금: 15억 원
　　이익준비금: 1억 원

묻고 해당 법인(갑)은 어떻게 "감액배당 컨설팅"을 했는지 자세히 설명 부탁합니다.

답하고 네. 알겠습니다. 해당 법인의 주주들은 개인적으로 자금이 필요해서 법인의 경영활동으로 모인 미처분이익잉여금을 재원으로 배당을 실행하려고 하였지만, 배당금에 따른 배당소득세가 최대 45%인 것을 알고 고민 중이었습니다.

묻고 당연히 배당을 받으면 소득세를 내야 하는 것 아닌가요?

답하고 맞습니다. 통상적인 방법인 이익잉여금을 재원으로 배당을 하면 배당소득세를 내야 합니다.

하지만, 재무상태를 살펴보니 2020년 투자금을 유치할 때 발생한 주식발행초과금으로 형성된 자본잉여금 19억 원이 있음을 발견하고 자본잉여금 중 자본준비금에서 17억 원을 세금을 내지 않고 배당을 받을 수 있음을 알려드렸습니다.

묻고 왜 17억 원만 배당을 받을 수 있나요?

답하고 자본준비금과 이익준비금의 총액이 자본금의 1.5배를 초과하는 금액만 배당할 수 있다는 상법 규정(제461조의 2) 때문입니다.

현재 재무상태를 살펴보면 이익준비금 1억 원, 자본준비금 19억 원이 있으므로 자본금 2억 원의 1.5배인 3억 원을 초과하는 금액인 17억 원을 배당할 수 있습니다.

『상법 제461조의 2(준비금의 감소)』
회사는 적립된 자본준비금 및 이익준비금의 총액이 자본금의 1.5배를 초과하는 경우 주주총회의 결의에 따라 그 초과한 금액 범위에서 자본준비금과 이익준비금을 감액할 수 있다.
[본조신설 2011.4.14.]

『상법 제462조(이익의 배당)』
① 회사는 대차대조표의 순 자산액으로부터 다음의 금액을 공제한 액을 한도로 하여 이익배당을 할 수 있다.
1. 자본금의 액
2. 그 결산기까지 적립된 자본준비금과 이익준비금의 합계액
3. 그 결산기에 적립하여야 할 이익준비금의 액
4. 대통령령으로 정하는 미실현이익

묻고 17억 원의 배당을 실행하면 배당금을 받는 주주 A와 B는 소득세를 얼마나 내야 하나요?

답하고 완전 비과세입니다. 소득세법 시행령 제26조 3에 배당소득의 범위를 정하고 있습니다. 6항을 자세히 살펴보면 상법 제461조의 2에 따라 자본금을 감액하여 받는 배당은 배당소득이 아니라고 정하기 때문입니다

『소득세법 시행령 제26조 3(배당소득의 범위)』

① 삭제 <2021.2.17.>

② 삭제 <2018.2.13.>

③ 삭제 <2021.2.17.>

④ (중략)

⑤ (중략)

⑥ 「상법」 제461조의 2에 따라 자본준비금을 감액하여 받은 배당은 법 제17조 제1항에 따른 배당소득에 포함하지 아니한다.

<신설 2014. 2. 21.>

4. 가수금을 활용한 컨설팅 사례

네 번째, 가수금을 활용한 컨설팅 사례에 대하여 설명하겠습니다. 2019년 법인 설립, 현재 가수금 10억 원, 은행 차입금 20억 원, 부채비율 200%인 기업의 컨설팅 사례입니다.

2023년 11월 11일 현재 법인(을)의 재무상태입니다.

법인 설립: 2019년
   자본금: 5천만 원 (액면가 10,000원, 주식 수 5,000주)
   지분율: A (10,000주), 100%
가수금 현황: 2020년 1월, 10억 원
   가수금 원인: A의 부모(B)
   법인(을)의 운영자금을 위해 무이자 대여
   부모(B)는 10억 원을 법인(을)에 투자할 의사가 있음
현 기업 현황
   주당 평가액: 200,000원
   은행 차입금: 20억 원
   미처분 이익잉여금: 15억 원
   부채비율: 200%

묻고 부채비율 200%를 150% 이하로 맞추어야 합니다. 어떻게 해야 하나요?

답하고 현재 재무상태를 요약하면 다음과 같습니다.

자산	부채	
	단기차입금	20억
	가수금	10억
	자본	
	자본금	0.5억
	미처분잉여금	15억

부채비율은 부채와 자본의 비율입니다. 부채를 자본으로 나누면 됩니다. 다음과 같이 부채는 차입금과 가수금을 합하여 30억 원, 자본은 자본금과 미처분이익잉여금을 합하여 15.5억 원입니다. 부채비율을 낮추기 위해서는 부채를 상환하거나 증자를 통해 자본을 늘려야 합니다.

평소 자녀 회사에 투자할 의사가 있었던 부모님의 가수금 10억 원을 자본금으로 출자전환을 하면, 부채 항목 중 가수금이 없어져 부채는 20억 원이 되고 자본은 25.5억이 됩니다. 이렇게 하면 부채비율은 80%가 되어, 현 기업에서 요구한 부채비율 150% 이하를 충족시킵니다.

묻고 그러면 이러한 형태로 재무상태가 바뀌어서 부채비율이 80%가 되었나요?

자산	부채	
	단기차입금	20억
	자본	
	자본금	10.5억
	미처분 잉여금	15억

답하고 아닙니다. 부채비율이 80%가 되는 것은 맞지만 가수금 10억 원 모두가 자본금이 되는 것이 아닙니다.

자산	부채	
	단기차입금	20억
	자본	
	자본금	**1억**
	주식발행초과금	**9.5억**
	미처분 잉여금	15억

묻고 왜 가수금 10억 원 중 0.5억 원만 자본금이 되고 나머지 9.5억 원은 주식발행초과금이 되나요?

답하고 불균등증자 때문입니다. 주주 중 일부만 참여하는 불균등한 증자를 할 때 반드시 주식 가치를 평가합니다. 증자를 결정할 때 1주당 평가액이 200,000원이므로 부모(B)에게 가수금 10억 원에 대한 대가로 주식 5,000주를 줍니다.

이에 따라 10억 원 중 0.5억 원은 자본금이 되고 나머지 9.5억 원은 주식발행초과금이 되어, 증자 후 총자본금은 1억 원입니다.

구분		A 주주	B 주주
1주당 액면가		10,000원	
증자 전	주식 수	5,000주	-
	자본금	0.5억 원	
1주당 평가액		**200,000원**	
증자 참여			10억 원
증자 후	주식 수	5,000주	5,000주
	총 자본금	1억 원	
주식발행초과금		9.5억 원	

묻고 증자에 참여한 부모(B)에게 주식을 50,000주를 교부하면 B의 보유주식이 50,000주가 되지 않나요?

답하고 만약 5,000주가 아닌 50,000주를 부모(B)에게 주면 지분율은 50% 대 50%가 아니라 2% 대 98%의 지분율이 됩니다.

부모(B)는 10억 원의 자본금이 필요한 시점에 현금 10억 원을 회사에 출자하였습니다. 이에 따라 A는 10억 원, B는 10억 원의 가치를 가져 지분율은 50% 대 50%가 됩니다.

구분		A 주주	B 주주	계
증자 전	주당 가액	200,000원		
	주식 수	5,000주	-	5,000주
	지분 금액	10억	-	10억
	지분율	100%	-	100%
증자 후	주당 가액	200,000원		
	주식 수	5,000주	5,000주	10,000주
	지분 금액	10억	10억	20억
	지분율	50%	50%	100%

묻고 시가로 증자함에 따라 발생한 주식발행초과금을 배당받을 수 있나요?

답하고 네. 받을 수 있습니다. 배당은 기업의 경영활동으로 발생한 이익잉여금 또는 주주와 자본거래로 발생한 자본잉여금 중 주식발행초과금과 같은 자본준비금으로 할 수 있습니다.

묻고 B 주주(부모)가 A 주주(자녀)에게 세금을 최소화하여 많은 자금을 주고자 합니다. 어떻게 해야 합니까?

답하고 가장 간략한 방법을 제안합니다. 주식발행초과금을 활용한 배당을 하게 되면 세금을 전혀 내지 않아도 됩니다.

하지만 9.5억 원 전체를 배당하지 못합니다. 자본금 1억 원의 1.5배인 1억 5천만 원을 초과하는 8억 원이 배당 가능한 재원입니다.

이 재원으로 배당을 실행하면 주주 B는 본인의 지분율 50%에 해당하는 4억 원을 비과세 배당금으로 받을 수 있습니다.

묻고 필요한 금액에서 1억 원 정도 부족합니다. 세금을 최소화하면서 배당을 받을 방법은 없습니까?

답하고 있습니다. 아래의 순서에 따라 배당을 하면 됩니다.

1단계: 이익잉여금을 재원으로 4천만 원의 배당을 실행합니다.
2단계: 주주 2명이 각 2천만 원씩 배당금을 받습니다.
3단계: 이익준비금을 배당금의 10% 이상인 1.5억 원을 적립해 둡니다.
4단계: 자본준비금과 이익잉여금을 재원으로 9.5억 원의 배당을 실행합니다.
5단계: 주주 2명이 각 4.75억 원의 배당금을 받습니다.

『상법 제458조(이익준비금)』
회사는 그 자본금의 2분의 1이 될 때까지 매 결산기 이익배당액의 10분의 1 이상을 이익준비금으로 적립해야 한다. 다만, 주식배당의 경우에는 그러하지 아니한다. [전문개정 2011.4.14.]

『상법 제461조의 2(준비금의 감소)』
회사는 적립된 자본준비금 및 이익준비금의 총액이 자본금의 1.5배를 초과하는 경우 주주총회의 결의에 따라 그 초과한 금액 범위에서 자본준비금과 이익준비금을 감액할 수 있다.

『법인세법 제18조(평가이익 등의 익금불산입)』

다음 각호의 금액은 내국법인의 각 사업연도의 소득금액을 계산할 때 익금에 산입하지 아니한다.

1. 자산의 평가이익

2. 각 사업연도의 소득으로 이미 이미 과세된 소득

3. 제21조 제1호에 따라 손금에 산입하지 아니한 법인세 또는 법인지방소득세를 환급받거나 환급받을 금액을 다른 세액에 충당한 금액

4. 국세 또는 지방세의 과오납금의 환급금에 대한 이자

5. 부가가치세의 매출세액

6. 무상으로 받은 자산의 가액과 채무의 면제 또는 소멸로 인한 부채의 감소액 중 대통령령으로 정하는 이월결손금을 보전하는 데에 충당한 금액

7. 연결자법인 또는 연결 모법인으로부터 제76조의 19 제2항 또는 제3항에 따라 지급받았거나 지급받을 금액

8. 상법 제461조의 2에 따라 자본준비금을 감액하여 받는 배당금액(내국법인이 보유한 주식의 장부가액을 한도로 한다) 다만, 제16조 제1항 제2호 각 목에 해당하지 아니하는 자본준비금의 배당은 제외한다.

<개정 2022.12.31>

묻고   자본금의 1.5배인 1억 5천만 원을 적립한 나머지 금액 8억 원만 배당해야 하지 않나요?

답하고   아닙니다. 이미 이익잉여금으로 배당(4천만 원)을 할 때 이익준비금으로 1.5억 원(이익배당액의 10분의 1 이상)을 적립해 두었기에 추가적 적립이 필요 없습니다.

상법(제461조의 2)에 "자본준비금 및 이익준비금의 총액"이라고 명기하고 있습니다. 이익준비금으로 자본금의 1.5배를 적립해도 상관없습니다.

묻고   이렇게 배당을 하게 되면 얼마의 세금을 내야 합니까?

답하고   308만 원입니다. 왜냐하면, 이익잉여금을 재원으로 하는 통상적인 배당은 배당소득세를 냅니다. A 주주(아들)가 배당받는 배당금이 2천만 원을 초과하지 않아 15.4%의 원천징수세금만 내면 과세가 종결됩니다.

이후 자본준비금(주식발행초과금)을 재원으로 한 "감액배당"은 소득세법 시행령에서 정한 배당소득이 아니므로 세금을 내지 않아도 됩니다.

『소득세법 시행령 제26조의 3(배당소득의 범위)』

① 삭제

② 삭제

③ 삭제

④ 거주자가 일정 기간 후에 같은 종류로서 같은 양의 주식을 반환받는 조건으로 주식을 대여하고 해당 주식의 차입자로부터 지급받는 해당 주식에서 발생하는 배당에 상당하는 금액은 법 제17조 제1항 제9호에 따른 배당소득에 포함된다.

⑤ 법 제17조 제1항 제10호에서 대통령령으로 정하는 바에 따라 결합된 경우란 개인이 배당소득이 발생하는 상품과 파생상품을 함께 거래하는 경우로서 다음 각호의 어느 하나에 해당하는 경우를 말한다.

⑥ 상법 제461조의 2에 따라 자본준비금을 감액하여 받은 배당(법 제17조 제2항 제2호 각 목에 해당하지 아니하는 자본준비금을 감액하여 받는 배당은 제외한다)은 법 제17조 제1항에 따른 배당소득에 포함하지 아니한다. <신설 2014.2.21>

5. 저자 Tip

자본준비금 감액배당을 통해 주주가 받는 배당금은 납입 자본의 반환으로 보아, 법인 주주의 경우 익금에 산입하지 않고 개인주주의 경우 배당소득에 포함하지 않습니다. 완전한 절세전략으로 자본준비금이 있는 법인에서 부모의 부를 자녀에게 무상으로 이전하기 위해 사용하였습니다.

하지만, 이러한 절세전략도 2022년 기획재정부 세제개편으로 법인주주의 감액배당 비과세 범위가 대폭 축소되었습니다.

앞으로 소득세법(시행령 제26조의 3)의 개정으로 개인주주도 법인주주와 마찬가지로 주식 장부가액 초과분에 대한 감액배당액을 배당소득으로 과세하는 것이, 논리적으로 타당하여 조만간 법 개정이 있을 예정입니다.

【소득세법이 개정되기 전에 조건에 합당한 기업은 "감액배당"을 절세의 강력한 전략으로 사용해도 될 것이다. 다만, 과세관청에서 유의하여 보고 있는 내용은 전문가와 반드시 충분히 의논하여 진행하여야 할 것이다.】

3강

조회 상담 화법

» 1. 배당이 필요한 이유 설명하기
» 2. 배당금에 부과되는 세금 설명하기
» 3. 주주 간 균등배당 설명하기
» 4. 차등배당 설명하기

1. **배당이 필요한 이유:** 배당을 받지 않으면 미처분이익잉여금이 증가하여 주식 가치가 높아짐에 따라 향후 주식이동을 할 때 기회비용이 높아집니다.

2. **배당금에 부과되는 세금:** 일정 금액을 초과하는 금액은 종합소득세에 합산하여 계산합니다. 이때 이중과세 조정을 하기 위해 "Gross-up"을 하여 세금을 계산합니다.

3. **주주 간 균등배당:** 상법에 따라 법인은 각 주주가 가진 지분율에 따라 배당을 해야 합니다.

4. **차등배당:** 차등배당을 하면 본인의 지분율을 초과하는 배당금에 대하여는 증여세를 내야 합니다. 하지만, 2021년 상속증여세법 제41조의 2의 개정이 있기 전에는 배당소득세와 증여세를 계산하여 많은 세금을 내도록 하였습니다.

 이후 개정을 통하여 초과배당금액에 증여세를 부과하도록 바뀌었습니다. 다만, 해당 초과배당금액에 따라 계산한 소득세 상당액은 증여세 산출세액에서 공제합니다. 이때 초과배당금액에 대한 증여세액이 초과배당금액에 대한 소득세 상당액보다 적은 경우, 소득세만 냅니다.

1. 배당이 필요한 이유 설명하기

첫 번째, 배당이 필요한 이유를 설명하겠습니다. 법인은 기업에서 생산한 제품이나 상품, 용역을 제공하여 매출을 달성하기 위해 일정한 비용을 지출합니다. 이러한 과정을 거쳐 달성한 이익에 대해 세금을 내고, 남은 소득을 기업 내 잉여금으로 적립합니다. 주주는 이렇게 쌓여있는 잉여금을 배당받을 권리가 있습니다.

묻고 우리 회사는 한 번도 배당을 받지 않았습니다. 잘못된 겁니까?

답하고 아닙니다. 법인을 설립하고 회사가 성장하는 기간에는 지속적인 투자가 필요합니다. 판매한 제품 또는 상품 대금이 전부 현금으로 들어오지 않고 외상 처리되고, 재고자산도 늘어나는 시기에는 배당할 여력이 없습니다.

묻고 이렇게 배당을 받지 않고 나중에 돈이 필요할 때 한꺼번에 받으면 되지 않나요?

답하고 반은 맞고 반은 틀립니다. 반이 틀린 이유는 회사 통장에 언제나 돈이 있는 건 아니기 때문입니다. 돈이란 놈은 꼭 필요할 때 내 곁에 없습니다. 법인을 경영하면 항상 돈 들어갈 곳만 보입니다. 그래서 많은 돈을 모으기 힘듭니다.

묻고 따로 돈만 준비해 두면 언제라도 받으면 되겠네요.

답하고 네, 가능합니다. 하지만, 고려할 부분이 세금입니다. 배당금에 대한 세금은 소득세입니다. 소득세는 누진세를 적용하여 금액이 모이면 모일수록 높은 세율에 따라 세금을 내야 합니다. 그래서 매년 배당금을 조금씩 분산해서 받으면 세금을 줄일 수 있습니다.

묻고 배당을 받지 않고 있으면 어떻게 되나요?

답하고 매년 발생한 이익은 미처분이익잉여금으로 모입니다. 처리하지 않은 잉여금은 법인의 순자산을 증가시켜 주식 가치를 높이게 됩니다. 비상장 법인은 주식 가치의 40%에서 60%를 순 자산액으로 평가합니다.

묻고 주식 가치가 높다면 어떤 불이익이 있습니까?

답하고 평상시에는 아무렇지도 않습니다. 하지만, 주식의 이동이 필요한 시점에 그 가액을 기초로 양도소득세, 배당소득세를 계산합니다. 주식 가치가 높다면 더 많은 세금을 내야 합니다.

2. 배당금에 부과되는 세금 설명하기

 두 번째, 배당금에 대한 세금입니다. 배당금을 받는 주주는 그에 상응하는 세금을 내야 합니다. 배당소득세는 일정 금액 이하(연 2천만 원)라면 분리과세로 과세가 종결되지만, 연 2천만 원을 초과하면 종합과세합니다.

묻고 배당소득을 분리 과세하면 어떤 점이 좋습니까?

답하고 개인에게 부과하는 소득세는 1년 동안 벌어들인 소득을 모두 더해 종합과세합니다. 하지만 이자소득과 배당소득을 더한 금융소득이 연 2천만 원 이하라면 15.4%(지방소득세 포함)의 세금만 내면 됩니다. 종합과세하여 49.5%(지방소득세 포함)의 세율을 적용하는 것과 비교하면 세금이 3분의 1 수준입니다.

묻고 현재 연봉으로 2억 원을 받고 있습니다. 배당으로 1억 원을 받는다면 배당에 대한 세금은 얼마입니까?

답하고 배당금 1억 원 중 2천만 원은 15.4%를 적용하고 2천만 원을 초과하는 8천만 원은 연봉 2억 원에 더하여 종합소득세를 내야 합니다. 배당금에 대한 소득세는 3,652만 원(단순계산)입니다.

 계산: (2,000만 × 15.4%) + (8,000만 × 41.8%)
    = 308만 + 3,344만 = 3,652만 원

묻고 배당금 1억 원을 받는데 내는 세금이 3,652만 원이라면 36%의 세금을 내야 하네요. 법인세 낸 후 남은 1억 원을 배당하는데 또 소득세를 내는 것은 이중과세가 아닌가요?

답하고 맞습니다. 그래서 배당금을 받을 때 "Gross-up"을 이용한 이중과세 조정을 하고 있습니다.

묻고 "Gross-up"을 간략히 설명해 주세요.

답하고 네, 법인의 당기순이익 10,000원, 법인세율 10%라고 가정하면 세금이 1,000원입니다. 세금을 내고 난 9,000원을 주주에게 배당금으로 주면 주주는 9,000원에 대한 소득세(세율 42%로 가정) 3,780원을 냅니다.

배당금 9,000원을 받는 주주는 법인세 1,000원과 소득세 3,780원을 합해 4,780원의 세금을 냅니다. 반면, 개인이 10,000원을 벌면 소득세(세율 42%로 가정) 4,200원을 냅니다.

법인 주주는 580원의 세금을 더 냅니다. 이런 차이를 없애기 위해 "Gross-up"을 합니다. 일반적으로 그로스 업은 배당하는 금액에 11%를 곱합니다.

묻고　그러면 "Gross-up"은 어떤 과정을 거쳐 이중과세 조정을 합니까?

답하고　법인세를 내고 난 금액 9,000원을 법인세 내기 전 금액으로 되돌립니다. 이 금액에 42%를 곱하고 앞 계산에서 가산한 990원을 차감합니다. 방금 계산한 3,206원이 배당금에 대한 배당소득세입니다.

계산: 9,000 + (9,000 × 11%) = 9,990원
　　　9,990 × 42% = 4,196원
　　　4,196 - 990 = 3,206원
　　　3,206 + 1,000 = 4,206원

법인세 1,000원을 더하면 4,206원으로 개인이 내는 소득세 4,200원과 비교하면 거의 차이가 나지 않습니다.

4,200원(개인 소득세) VS 4,206원(법인 배당소득세)

묻고 앞서 설명한 1억 원을 기준으로 세금을 계산해 주세요.

답하고 1명이 1억 원의 배당을 받으면 앞서 계산한 것과 같이 3,652만 원(단순계산)의 배당소득세를 내야 합니다.

하지만 주주 5명이 2천만 원씩 나누어서 배당금을 받으면 1,540만 원의 배당소득세만 내면 됩니다. 58%의 절세가 가능합니다.

계산 1: (2,000만 × 15.4%) + (8,000만 × 41.8%) = 3,652만 원
계산 2: (2,000만 × 15.4%) × 5 = 1,540만 원

3,652만 원(1인 배당) VS 1,540만 원(5인 배당)

묻고 전략적 배당에 대하여 설명해 주세요.

답하고 1억 원의 배당을 1명이 받으면 높은 세율을 적용받아 많은 세금을 내야 합니다. 그러나 다수가 일정 금액 이하(연 2천만 원)로 나누어 받으면 세금을 줄일 수 있습니다.

3. 주주 간 균등배당 설명하기

세 번째, 주주 간 균등배당을 설명하겠습니다. 상법에 따르면, 법인은 각 주주가 가진 지분율에 따라 배당을 해야 합니다. 균등배당이 원칙입니다. 회사에서 1억 원의 배당을 결정하면 A, B, C 주주는 아래와 같이 배당을 받습니다.

주주	지분율	배당금
A (대표님)	70%	7,000만 원
B	20%	2,000만 원
C	10%	1,000만 원

묻고 이 경우 A, B, C 주주는 어떻게 세금을 내야 합니까?

답하고 회사에서 배당금을 지급할 때, 원천징수를 합니다. 배당금에 대한 원천징수세금은 15.4%입니다. 주주 모두에게 15.4%를 공제한 나머지 금액을 지급합니다. B 주주와 C 주주는 배당소득이 2천만 원이 되지 않으므로 각 308만 원, 154만 원만 내면 됩니다.

하지만 대표님(A 주주)은 배당금으로 7천만 원을 받습니다. 2천만 원을 초과한 금액은 종합소득으로 합산합니다.

주주	배당금	원천징수
A(대표님)	7,000만 원	10,780,000원
B	2,000만 원	3,080,000원
C	1,000만 원	1,540,000원

묻고 A 주주는 언제 얼마의 세금을 내야 합니까?

답하고 다음 해 5월 세금을 계산하여, 종합소득세 신고를 해야 합니다. 배당소득세 1,320만 원을 추가로 내야 합니다. 배당금 7천만 원은 대표님의 연봉 2억 원에 더하여 계산합니다. 이때 2천만 원은 원천징수한 15.4%의 세금으로 종결하고, 나머지 5천만 원은 41.8%를 곱한 후 원천징수한 770만 원을 차감하여 배당금에 대한 추가적인 세금을 내야 합니다.

계산: (5천만 원 × 41.8%) - 770만 원 = 1,320만 원

4. 차등배당 설명하기

 네 번째, 차등배당에 대한 세법 개정내용과 그에 따른 세금을 설명하겠습니다. 차등배당은 상법에서 사용하는 용어이며, 초과배당은 세법상 용어로, 실무에서는 차등배당과 초과배당 용어를 혼용하여 같은 의미로 사용하고 있습니다.

묻고　내가 지분율에 따라 배당을 받고 그 돈을 가족(자녀 등)에게 주면 되지 않나요?

답하고　네. 가장 일반적인 방법입니다. 이 방법을 이용하여 배당에 따른 소득세를 내고, 남은 돈을 자녀에게 증여하면서 증여세를 내야 합니다. 두 번의 세금을 냅니다. 하물며 증여세는 증여받는 자녀의 돈으로 내야 합니다.

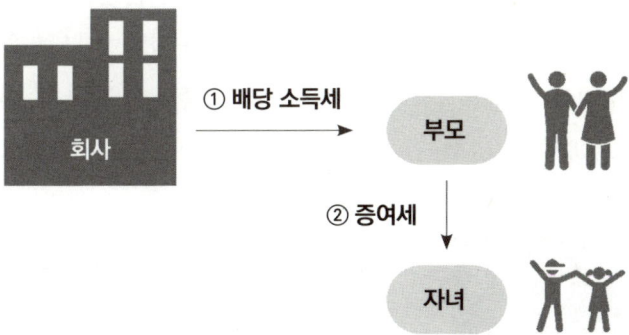

묻고 지분율에 따른 균등배당이 아닌 초과배당은 위법이 아닌가요?

답하고 차등배당은 위법이 아닙니다. 상법 제464조에 "이익배당은 각 주주가 가진 주식의 수에 따라야 한다."라고 하며 차등배당을 인정하고 있지 않지만, 대법원 판례에서는 인정하고 있습니다.

초과배당은 대주주인 부모가 지분율에 따라 받아야 할 배당금을 포기하고 지분이 적은 가족(자녀 등)이 부모가 포기한 배당금을 받아옴으로 실행합니다. 통상의 중소기업은 최대주주(대표이사)에게 지분율이 집중되어 있습니다. 최대주주가 배당금을 포기하거나, 특정인을 제외한 나머지 주주가 배당을 포기하는 방법으로 초과배당을 합니다.

묻고 차등배당을 하게 되면 세금은 누가 냅니까?

답하고 배당을 받은 사람이 냅니다. 배당금을 받은 가족(자녀 등)이 내야 합니다. 본인이 받은 배당금에서 세금을 직접 내므로 증여세와 비교하면 아주 효율적인 방법입니다. 많은 중소기업에서 특수관계인 간 차등배당을 하고 있습니다.

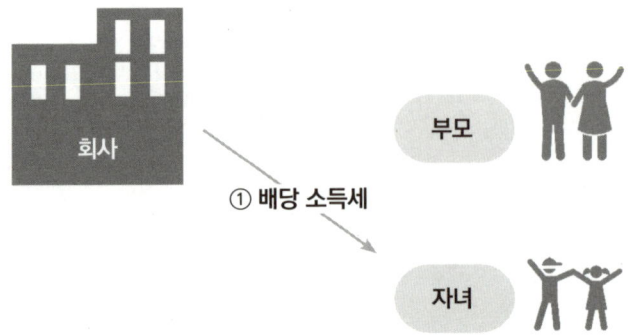

묻고   회사가 3억 원을 배당하고, 대주주인 부모가 배당을 포기하는 경우를 예로 들어 설명해 주세요.

답하고   네. 알겠습니다. 최대주주(대표이사)가 포기한 배당금 3억 원을 자녀가 받으면, 초과배당금 3억 원의 배당소득세와 증여의제에 따른 3억 원의 증여세를 비교하여 큰 금액의 세금을 내야 합니다.

주주	지분율	균등배당	차등배당
부모	99.99%	300,000,000원	**배당 포기**
자녀	0.01%	30,000원	300,000,000원

즉, 배당소득세 **9,456만 원**과 증여세 5,000만 원을 비교하여 큰 금액을 배당받은 자녀가 내야 합니다. (단순계산)

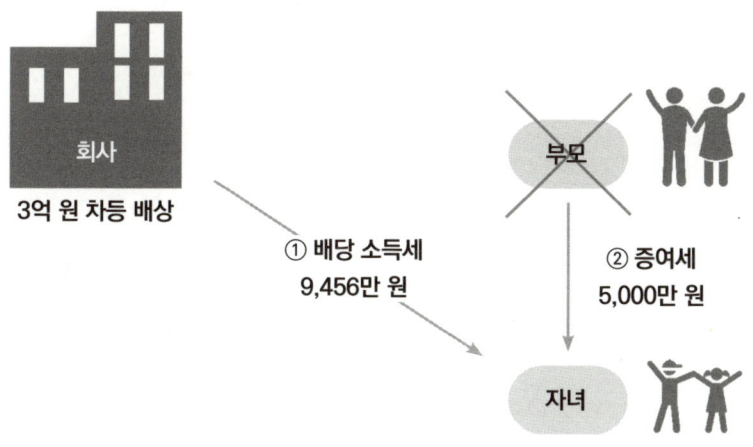

묻고　배당소득세 9,456만 원, 증여세 5,000만 원이 어떻게 계산되었나요?

답하고　간략 계산하였습니다. 초과배당금 3억 원에 해당하는 세율 38%에 누진 공제 1,944만 원을 차감하면 배당소득세가 9,456만 원이 됩니다. 부모가 포기한 배당금 3억 원에 해당하는 세율 20%에 누진 공제 1,000만 원을 차감하면 증여세가 5,000만 원입니다.

배당소득세 계산: (3억 × 38%) − 1,994만 = 9,456만 원
증여세 계산: (3억 × 20%) − 1,000만 = 5,000만 원

묻고 그런데 세금은 왜 9,456만 원만 냅니까? 그 근거는 무엇입니까?

답하고 상속증여세법 제41조의2에 초과배당을 하면 배당 소득세와 증여의제에 따른 증여세를 둘 다 계산하여 배당소득세가 크면 그 금액하고, 증여세가 크면 증여세에서 배당소득세를 차감한 금액으로 한다는 규정 때문입니다.

『상속증여세법 제41조의 2(초과배당에 따른 이익의 증여)』
① 법인이 이익이나 잉여금을 배당 또는 분배하는 경우로서 그 법인의 최대주주가 본인이 받을 배당 등의 금액 전부 또는 일부를 포기함에 따라 그 최대주주 등의 특수관계인이 본인이 보유한 주식 등에 비하여 높은 금액의 배당을 받는 경우 특수관계인이 본인이 보유한 주식 등에 비례하여 균등하지 아니한 조건으로 배당 등을 받은 금액을 그 최대주주 등의 특수관계인의 증여재산 가액으로 한다.
② 제1항에 따라 초과배당금액에 대하여 증여세를 부과할 때 해당 초과배당금액에 대한 소득세 상당액은 증여세 산출세액에서 공제한다.
③ 초과배당금액에 대한 증여세액이 초과배당금액에 대한 소득세 상당액보다 작은 경우 제1항을 적용하기 아니한다.
④ 초과배당금액과 초과배당금액에 대한 소득세 상당액의 산정방법 및 그 밖에 필요한 사항은 대통령령으로 정한다.
[본조신설 2015.12.15.]

묻고   이러한 차등배당은 부모의 부를 자녀에게 이전하는 방법으로 사용한다면 좋은 전략이 되겠네요.

답하고   그렇게 사용하고 있습니다. 부모의 주식 중 소량을 자녀에게 증여하여 자녀를 법인의 소수 주주로 만들고 배당을 실행합니다.

대주주인 부모가 배당을 포기하고 자녀가 부모가 포기한 배당금 전부를 본인이 받아 가는 차등배당은 부모의 자산을 이전하기 위한 전략으로 사용하고 있습니다.

묻고   지금도 차등배당을 할 때, 이 규정에 따라 배당소득세가 크면 증여세는 내지 않고 배당소득세만 내면 되는 건가요?

답하고   아닙니다. 대주주인 부모가 포기한 배당금은 실제 부모가 자녀에게 증여한 것과 같은 효과가 있지만, 일반적인 계산에서는 배당소득세가 크게 나와서 증여세가 부과되지 않고 증여재산에도 합산되지 않는 불합리한 점이 많아서 법 개정이 있었습니다.

묻고 언제 어떻게 개정이 되었나요?

답하고 2020년 12월 상속증여세법 제41조의 2 일부분의 개정이 있었습니다.

개정 전에는 증여재산에 대한 증여세와 초과배당에 대한 소득세를 비교하여 과세하였지만, 이번 개정으로 2022년부터는 배당금액에서 소득세 상당액을 공제한 금액을 증여재산 가액으로 확정한다는 내용입니다.

묻고 이러한 초과배당에 대해서는 소득세와 증여세를 모두 부과한다는 것은 이중과세에 해당하지 않나요?

답하고 이중과세가 아니라고 국세청은 답하고 있습니다. 배당소득세는 원칙적인 절차에 따라 계산하지만, 증여세는 초과배당금 전체가 아닌 초과배당에서 배당소득세를 차감한 금액을 기준으로 계산하기 때문입니다.

『상속증여세법 제41조의 2(초과배당에 따른 이익의 증여)』

① 법인이 이익이나 잉여금을 배당 또는 분배하는 경우로서 그 법인의 최대주주가 본인이 받을 배당 등의 금액 전부 또는 일부를 포기함에 따라 그 최대주주 등의 특수관계인이 본인이 보유한 주식 등에 비하여 높은 금액의 배당을 받는 경우 특수관계인이 본인이 보유한 주식 등에 비례하여 균등하지 아니한 조건으로 배당 등을 받은 금액에서 해당 초과배당금액에 대한 소득세 상당액을 공제한 금액을 특수관계인의 증여재산 가액으로 한다. <개정 2021. 12. 21.>

② 제1항에 따라 초과배당금액에 대하여 증여세를 부과받은 자는 해당 초과배당금액에 대한 소득세를 납부할 때 대통령령으로 정하는 바에 따라 제2호의 증여세액에서 제1호의 증여세액을 뺀 금액을 관할 세무서장에게 납부하여야 한다. 다만, 제1호의 증여세액이 제2호의 증여세액을 초과하는 경우 그 초과 되는 금액을 환급받을 수 있다. <개정 2020.12.22.>

1. 제1항에 따른 증여재산가액을 기준으로 계산한 증여세액
2. 초과배당금액에 대한 실제 소득세액을 반영한 증여재산가액을 기준으로 계산한 증여세액

③ (중략)

④ 초과배당금액, 초과배당금액에 대한 소득세 상당액 및 정산 증여재산 가액의 산정방법 및 그 밖에 필요한 사항은 대통령령으로 정한다. <개정 2020.12.22.>

묻고 어렵네요. 사례를 들어 간단히 설명해 주세요.

답하고 네 알겠습니다. 부모와 자녀의 주식 지분율이 90%, 10%인 법인에서 50억 원의 배당을 하면 부모가 45억 원의 배당금을 받고 자녀가 5억 원의 배당금을 받아야 합니다. 그런데 부모가 본인이 받을 배당금 45억 원을 포기함으로 자녀가 50억 원의 배당금 전액 받는다면 자녀는 30억 원의 세금을 내야 합니다.

부모가 포기한 45억 원의 배당소득세 19.59억 원, 45억 원에 대한 증여세 8.56억 원, 본인이 받은 5억 원에 대한 배당소득세 1.89억 원을 모두 더한 금액을 세금으로 내야 합니다.

① 부모가 포기한 45억 원에 대한 배당소득세는
   45억 × 45% - 6,594만 = 1,959,060,000원

② 자녀가 내야 하는 증여세는
   (45억 - 19.59억) × 40% - 1.6억 = 8.56억 원

③ 자녀가 받는 5억 원에 대한 배당소득세는
   5억 × 42% - 3,594만 = 189,060,000원

④ 자녀가 내야 할 총 세금은
   19.59억 + 8.56억 + 1.89억 = 3,004,496,000원

주주	배당금	배당소득세 / 증여세
부모	45억	① 배당소득세: 1,959,060,000
배당금에서 배당소득세를 차감한 금액(25.4억 원)을 과표로 하여 계산		② 증여세: 856,376,000
자녀	5억	③ 배당소득세: 189,060,000
자녀가 내야 할 총세금		④ 3,004,496,000

2부
이익소각

1강. 배우자증여를 통한 이익 소각
2강. 자사주 실행 프로세스
3강. 초회 상담 화법

1강

배우자증여를 통한 이익 소각

》 1. 프로세스
》 2. 과세관청의 인식
》 3. 조세 구제제도
》 4. 행정소송의 다양한 판례
》 5. 2023년 4월 수원지방법원 1심 판결

1. **프로세스:** 부부관계인 A가 B에게 주식(6억 원)을 증여하고 증여받은 배우자가 법인에 주식을 매도하는 것입니다.

2. **과세관청의 인식:** 사안에 따라 조금의 차이는 있지만, 일련의 행위를 가장행위로 보아 세금을 추징하고 있습니다.

3. **조세구제제도:** 과세관청의 처분이 있기 전에는 과세전적부심사 제도를 활용하고 처분 이후에는 국세청에 심사청구, 조세심판원에 심판청구, 감사원에 심사청구를 할 수 있습니다.

4. **행정소송의 다양한 판례:** 국세청, 조세심판원에서 기각 판결을 받은 해당 법인의 주주가 행정소송을 제기한 결과, 일련의 과정에 따라 명백한 법 위반이 아닌 경우 원고(법인의 주주)가 승소한 결과가 이어지고 있습니다.

5. **2023년 4월 수원지방법원 1심 판결:** 증여로 배우자 증여공제 한도가 감소하는 손실이 있었고, 해당 행위가 가장행위가 아니고, 주식 양도대금이 매도자에게 귀속되었다는 이유로 원고가 승소하였습니다.

1. 프로세스

 첫 번째, 배우자증여를 통한 이익 소각 프로세스를 설명하겠습니다. '배우자증여를 통한 이익 소각'이란, 배우자에게 대표님의 주식을 증여하고, 배우자가 증여받은 주식을 법인에 매도하는 것을 말합니다.

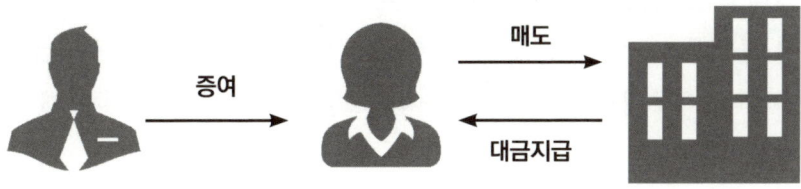

묻고   굳이 배우자에게 내가 가진 주식을 증여하는 이유가 무엇입니까?

답하고   주식의 취득 가격을 높이기 위해서입니다. 대표님이 자사주를 실행하는 회사에 주식을 매도하면 현재 시가에서 액면가를 차감한 금액이 양도차익이 되어 많은 배당소득세를 내야 합니다.

그러나 배우자에게 대표님의 주식을 증여하는 과정을 거치면, 배우자 주식취득 가격이 높아짐에 따라 양도차익이 줄어듭니다.

묻고 내가 배우자에게 주식 6억 원을 증여하면 배우자가 내야 하는 세금이 얼마입니까?

답하고 증여세를 내지 않아도 됩니다. 원론적으로는 증여금액에 따라 10%에서 50%의 세율을 적용하여 계산한 세금을 내야 합니다.

다만, 상속증여세법(제53조) 규정에 따라 배우자가 상대방 배우자에게 현금 등을 증여하면 증여금액에서 6억 원을 공제한 후 나머지 금액을 과세표준으로 하여 해당 금액에 세율을 적용한 세금을 냅니다. 배우자 간 6억 원의 증여공제는 쌍방 배우자 모두에게 적용합니다.

『상속증여세법 제53조(증여재산 공제)』

거주자가 다음 각호의 어느 하나에 해당하는 사람으로부터 증여를 받으면 다음 각호에 따른 금액을 증여세 과세 가액에서 공제한다. 이 경우 수증자를 기준으로 그 증여를 받기 전 10년 이내에 공제받은 금액이 다음 각호의 금액을 초과하는 부분은 공제하지 않는다.

1. 배우자: 6억 원
2. 직계존속: 5천만 원. 다만, 미성년자는 2천만 원
3. 직계비속: 5천만 원
4. 6촌 이내의 혈족, 4촌 이내의 인척: 1천만 원

묻고 내가 10억 원의 주식을 배우자에게 증여하면 배우자가 내야 하는 세금이 얼마입니까?

답하고 7천만 원입니다. 왜냐하면, 증여금액 10억 원에서 배우자 공제 6억 원을 차감한 과세표준은 4억 원입니다. 과세표준 4억 원에 해당하는 세율 20%를 곱하고 누진 공제 1,000만 원을 차감하면 증여세는 7천만 원입니다.

계산: (10억 − 6억) × 20% − 1,000만 = 7천만 원

묻고 내가 배우자에게 주식을 증여할 때 1주의 주식가격은 얼마로 해야 합니까?

답하고 시가에 따라야 합니다. 시가(市價)란 시장에서 거래되는 가격을 말합니다. 비상장주식은 일반적으로 빈번한 거래가 없어서 상속증여세법(시행령 54조)에 따른 보충적 평가방법으로 계산한 가격을 특수관계자 간 거래에서 사용합니다.

고가 혹은 저가로 거래를 하면 부당행위계산 부인으로 증여세·소득세가 추가로 부과됩니다.

묻고 내 주식을 배우자에게 증여하고 그 주식을 법인에 매도하면 얼마의 세금을 내야 합니까?

답하고 6억 원까지는 내지 않아도 됩니다. 이익 소각을 목적으로 하는 법인에 주식을 매도하는 대가로 대금을 받는 배우자(주주)는 실제 배당을 받은 것은 아니지만 배당을 받은 것과 유사한 효과가 있다고 보아 소득세법에서는 의제배당으로 간주합니다. 의제배당은 배당소득세를 냅니다.

하지만, 주식을 증여받은 배우자가 그 가액으로 법인에 매도하면 양도차익이 발생하지 않아 배당소득세가 없습니다.

> 『소득세법 제17조(배당소득)』
> ① 배당소득은 해당 과세기간에 발생한 다음 각호의 소득으로 한다.
> 1. 내국법인으로부터 받는 이익이나 잉여금의 배당 또는 분배금
> 2. 법인으로 보는 단체로부터 받는 배당금 또는 분배금
> 3. 의제배당
> (중략).
> ② 제1항 제3호에 따른 의제배당이란 다음 각호의 금액을 말한다.
> 1. 주식의 소각이나 자본의 감소로 인하여 주주가 취득하는 금전

묻고 일목요연하게 정리해 주세요.

답하고 대표님이 주식(6억 원)을 배우자에게 증여하면서 배우자증여공제를 활용하여 증여세를 내지 않고, 배우자가 그 주식을 법인에 매도하면서 배당소득세를 내지 않는 것이 핵심입니다. 그림으로 정리하면 아래와 같습니다.

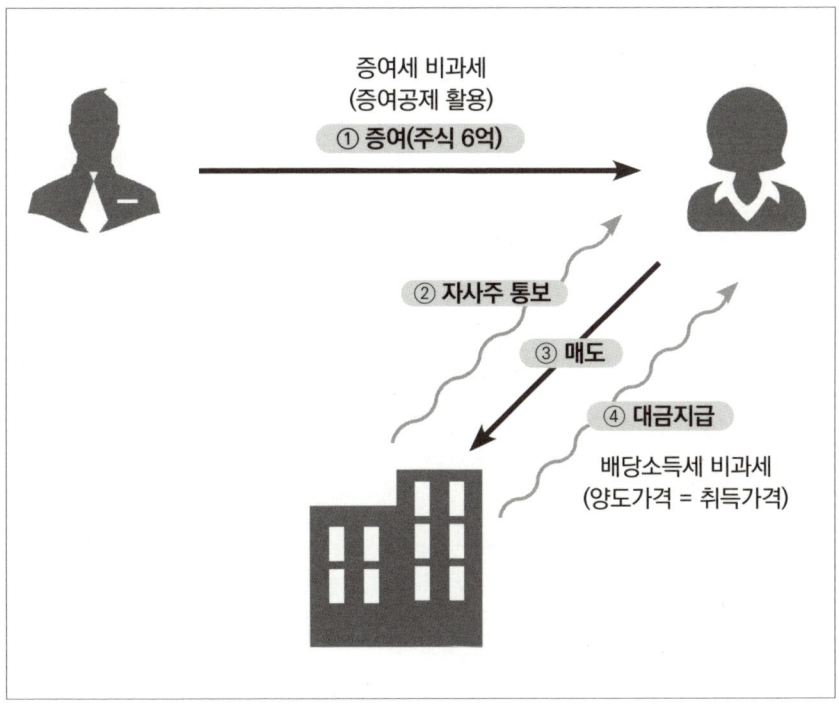

묻고 이러한 거래는 불법이 아닙니까?

답하고 아닙니다. A(남편)가 1억 원에 부동산을 매수하고 C(3자)에게 해당 부동산을 6억 원에 매도함에 따라 발생하는 5억 원의 양도차익을 줄이고자 B(아내)에게 해당 부동산을 증여하고, B(아내)가 C(3자)에게 부동산을 매매합니다.

이 경우 B(아내)는 양도차익이 발생하지 않아 양도소득세를 내지 않아도 됩니다. 하지만 소득세법(제97조의 2) 개정으로 이런 전략은 통하지 않게 되었습니다. 양도일부터 소급하여 10년 이내에 양도하는 경우 취득가는 증여받은 금액이 아닌 증여자의 취득가로 하는 보유기한에 대한 제한이 생겼습니다.

기존 소득세법에서는 "주식"이란 자산은 열거되지 않았지만, 소득세법 개정으로 2025년 1월 1일부터 주식도 보유기한에 대한 제한이 생겼습니다. 다만, 부동산처럼 10년이 아닌 1년이라는 기간을 정하고 있습니다.

『소득세법 제87조의 13(주식 등 필요경비 계산 특례)』
① 거주자가 양도일부터 소급하여 1년 이내에 그 배우자로부터 증여받은 주식 등 양도소득을 계산할 때 주시 등 양도가액에서 공제할 필요경비는 그 배우자의 취득 당시 금액으로 한다.
<시행 2025.1.1.>

2. 과세관청의 인식

 두 번째, 배우자증여를 통한 이익 소각에 대한 과세관청의 인식을 설명하겠습니다. 사안에 따라 조금의 차이는 있지만, 일련의 행위를 가장행위로 보아 종합소득세를 경정·고지하고 있습니다.

묻고 그럼 배우자증여를 통한 자사주 이익 소각은 불법입니까?

답하고 불법이 아닙니다. 그렇지만 과세관청은 국세기본법 제14조 3항의 법문 문구에 나타난 의미에 중점을 두고 법률을 해석하는 방법이 아닌 논리해석에 따라 법률을 확장해석하여, 조세회피 행위로 보고 있습니다. 세무조사를 통해 추가적인 세금을 추징하고자 합니다. 하지만 이러한 세법의 적용은 재산권 부당 침해금지의 원칙을 위반한 세무공무원 재량의 한계를 넘어서는 월권이라고 할 수 있습니다.

> 『국세기본법 제14조(실질과세)』
> ③ 제3자를 통한 간접적인 방법이나 둘 이상의 행위 또는 거래를 거치는 방법으로 이 법 또는 세법이 혜택을 부당하게 받기 위한 것으로 인정되는 경우에는 그 경제적 실질 내용에 따라 당사자가 직접 거래한 것으로 보거나 연속된 하나의 행위 또는 거래한 것으로 보아 이 법 또는 세법을 적용한다.

🔨 조세 불복청구가 기각된 사례

사건번호 "조심-2022-인-8282, 2023.07.20."

[제목] 쟁점주식의 소각을 의제배당으로 보아 청구인에게 종합소득세를 부과한 처분의 당부

[요지] 청구인이 배우자에게 쟁점주식을 증여하고, 배우자는 이 건 법인에게 쟁점주식을 양도하였으며, 이 건 법인은 위 주식을 소각하였는바, 이러한 특수관계자들 간의 거래로 인해 의제배당에 따른 소득에 대한 조세회피의 결과가 발생한 점, 위의 거래당사자들이 모두 특수관계자에 해당하고, 증여 및 양도거래 과정에서 증여재산가액과 양도가액이 동일하며, 불과 약 2개월간의 기간 이내에 이러한 증여 및 양도거래와 쟁점주식의 소각이 모두 발생한 점 등을 종합적으로 고려하면, 이러한 증여 및 양도거래는 과세상 의미가 있다고 보기 어려운 조세회피 목적의 가장거래로 보이는바 처분청이 청구인에게 종합소득세를 부과한 이 건 처분은 잘못이 없는 것으로 판단됨.

[관련 법령] 국세기본법 제14조

[주문] 심판청구를 기각한다.

묻고 위 사건에 대한 원고의 주장을 알고 싶습니다.

답하고 네. 청구인은 다음과 같이 주장합니다.

1) 국세기본법 제14조에 따른 실질과세의 원칙은 소득이 실질적으로 귀속되는 자를 납세의무자로 하여 세법을 적용하는 것임에도 소득이 실질적으로 귀속되지 않는 자를 납세의무자로 세법을 적용하는 것은 세법상 실질 과세원칙을 무시하여 처분청 임의대로 과세하였으므로 법적 효력이 없다.

2) 납세의무자는 특정한 경제적 목적을 달성하기 위해 어떤 법적 형식을 취할 것인가는 납세자 스스로 결정할 수 있다.

3) 소득세법 제97조의 1항에서 적용하는 자산에 주식은 포함되지 않는다 이에 2019년 12월 29일 소득세법 제87조의 13, 1항을 개정하여 "1년 이내 그 배우자로부터 증여받는 주식 등"이라는 법문을 만들어 1년이라는 기간과 주식이라는 자산을 명문화하였다. 이 개정안은 2025년 1월 1일부터 시행할 예정이므로 지금 현재 해당 법률이 전혀 없다.

4) 민법에서는 부부별산제를 규정하고 있고 각자의 소득에 대해 개별적으로 소득세를 납부해야 하고, 부부 사이 재산의 이전은 과세요건이 되어 증여세 과세대상에 해당하며, 일정 범위 내에서 공제 한도를 적용하도록 한다. 청구인은 쟁점주식을 증여하였고 수증인인 배우자는 이에 대해 증여세를 신고하면서 관련 공제를 적용하였고, 배우자는 법인에 쟁점주식을 양도하였다.

 이처럼 청구인은 조세 부담을 최소화할 수 있는 합리적인 의사결정을 하였을 뿐이고, 처분청은 이와 같은 거래를 부인하고 의제 배당소득으로 보아 종합소득세를 부과하는 것은 조세법률주의와 예측 가능성을 심각하게 훼손하므로 이건 부과처분은 취소되어야 한다.

묻고 위 사건에 대한 처분청의 의견을 알고 싶습니다.

답하고 처분청은 청구인의 주장에 대해 이렇게 반론을 제기합니다.

1) 청구인은 배우자에게 쟁점주식을 증여할 때 증여금액을 증여재산공제 6억 원을 적용하여 증여세 과세미달로 신고하였고, 법인에 쟁점주식을 증여받은 가액과 동일한 가액으로 양도하여 양도차익을 없게 거래하였다.

2) 소각을 목적으로 청구인으로부터 쟁점주식을 직접 취득한 경우 소득세법 제17조 2항에 따른 의제배당에 해당하므로 쟁점주식의 취득가액을 초과하는 금액에 대하여 의제배당에 따른 소득세를 부담해야 한다. 그러나, 청구인은 배우자에게 증여하는 거래를 통해 배우자증여재산공제 6억 원을 적용받아 쟁점주식의 취득가액을 높임으로써 조세의 부담을 경감하여 부당한 혜택을 얻었다.

3) 쟁점주식은 실질과세의 원칙에 따라 거래를 재구성함으로써 중간에 이루어진 사업상 필요 등 다른 합리적인 이유가 없는 쟁점주식의 증여행위를 걷어내면 최종적으로 거래의 경제적 실질은 청구인이 소유하던 쟁점주식을 법인에 양도한 후 해당 주식이 소각된 것과 경제적 효과는 동일하다.

4) 청구인은 같은 경제적 목적을 달성하기 위하여 여러 가지 법률관계 중 하나를 선택할 수 있고 과세관청으로서는 특별한 사정이 없으면 당사자들이 선택한 법률관계를 존중하여야 한다고 주장하지만, 실질과세의 원칙이 구체화 된 소득세법 제101조 2항의 취지에 비추어 이 건과 같이 배우자증여를 중간거래로 끼워넣어 인위적으로 쟁점주식 취득가액을 작출한 경우까지 조세 절감을 허용하는 것이라고 볼 수 없다.

　법률에서 선택권이 부여되었다고 하여 적극적으로 거래순서를 조작하고 계획을 수립하여 실제 이를 실행한 결과 조세회피를 한 경우까지 보호할 이유가 없다.

『소득세법 제101조 (양도소득의 부당행위계산)』
② 거주자가 제1항에서 규정하는 특수관계인에게 자산을 증여한 후 그 자산을 증여받은 자가 그 증여일부터 10년 이내에 다시 타인에게 양도한 경우 그 자산을 직접 양도한 것으로 본다. 다만, 양도소득이 해당 수증자에게 실질적으로 귀속된 경우에는 그러하지 아니하다.
<개정 2022. 12. 31.>

3. 조세 구제제도

세 번째, 조세 구제제도를 설명하겠습니다. 세금은 정부의 권력에 의해 납세자로부터 강제로 징수된다는 점에서 국민의 재산권에 대한 침해 성격이 있어 조세 구제제도가 있습니다.

묻고 조세 구제제도를 알려주세요.

답하고 네. 조세 구제제도는 과세관청의 처분이 있기 전 위법 또는 부당한 처분을 미리 방지하는 처분 전 구제제도와 처분 후 구제제도로 구분합니다.

처분 전 구제제도는 과세전적부심사 제도가 있습니다. 과세관청으로부터 세무조사결과통지 또는 과세예고통지를 받았을 때 통지한 세금부과 내용에 대하여 납세의무자에게 의견진술 또는 반증 제시의 기회를 주어 그 주장을 심사하여 정당하다고 판명되면 부과 내용을 경정할 수 있도록 하는 제도입니다. 과세전적부심사는 과세예고통지를 받은 날부터 30일 이내에 해당 세무서장 또는 지방국세청장에게 청구할 수 있습니다. 처분 후 구제제도로는 조세 불복제도가 있습니다.

묻고 조세 구제제도를 설명해 주세요.

답하고 대표님(A)이 배우자(B)에게, 배우자(B)가 대표님(A)에게 주식을 증여하는 과정을 거쳐, 증여받은 주식을 이용하여 이익 소각을 실행한 법인을 대상으로 각 지방청에서 대대적으로 세무조사를 하고 있습니다.

배우자증여공제(6억 원)를 활용하여 증여세를 내지 않고 주식을 증여하여 주식 취득가를 높임으로 양도차익이 나오지 않게 하여 배당소득세도 내지 않은 법인을 대상으로 각 지방청에서 주식 변동조사를 통해 종합소득세를 경정·고지하고 있습니다. 과세관청은 "배우자증여를 통한 이익 소각"을 가장행위로 보아 소득세를 추징하고 있습니다.

묻고 조세 구제제도 중 조세 불복제도가 무엇입니까?

답하고; 조세 불복제도란 국세기본법 또는 각 세법에 따른 처분으로서 위법 또는 부당한 처분을 받거나 필요한 처분을 받지 못함으로 납세의무자의 권리나 이익을 침해당한 사람이 그 처분의 취소 또는 변경을 청할 수 있는 제도입니다.

묻고   조세 불복청구를 어떻게 해야 하나요?

답하고   과세당국의 처분이 있으면 해당 처분이 있음을 안 날 혹은 처분 통지를 받은 날부터 90일 이내에 관할 세무서나 지방국세청에 이의를 신청할 수 있습니다. 이의신청을 한 자는 감사원 심사청구는 할 수 없지만, 국세청에 심사청구나 조세심판원에 심판청구를 할 수 있습니다.

불복 청구인은 이의신청절차를 거치지 않고 국세청에 심사청구를 제기하거나, 조세심판청구 또는 감사원에 심사청구를 할 수 있습니다. 다만, 세 가지 중 하나만 선택할 수 있습니다.

묻고   조세 불복청구가 받아들여지지 않으면 어떻게 해야 하나요?

답하고   행정소송을 하면 됩니다. 이의신청·심사청구·심판청구 등 명칭 여하를 불문하고 행정심판을 불복하는 납세자는 위 결정서를 받은 후 90일 이내에 행정소송을 제기할 수 있습니다.

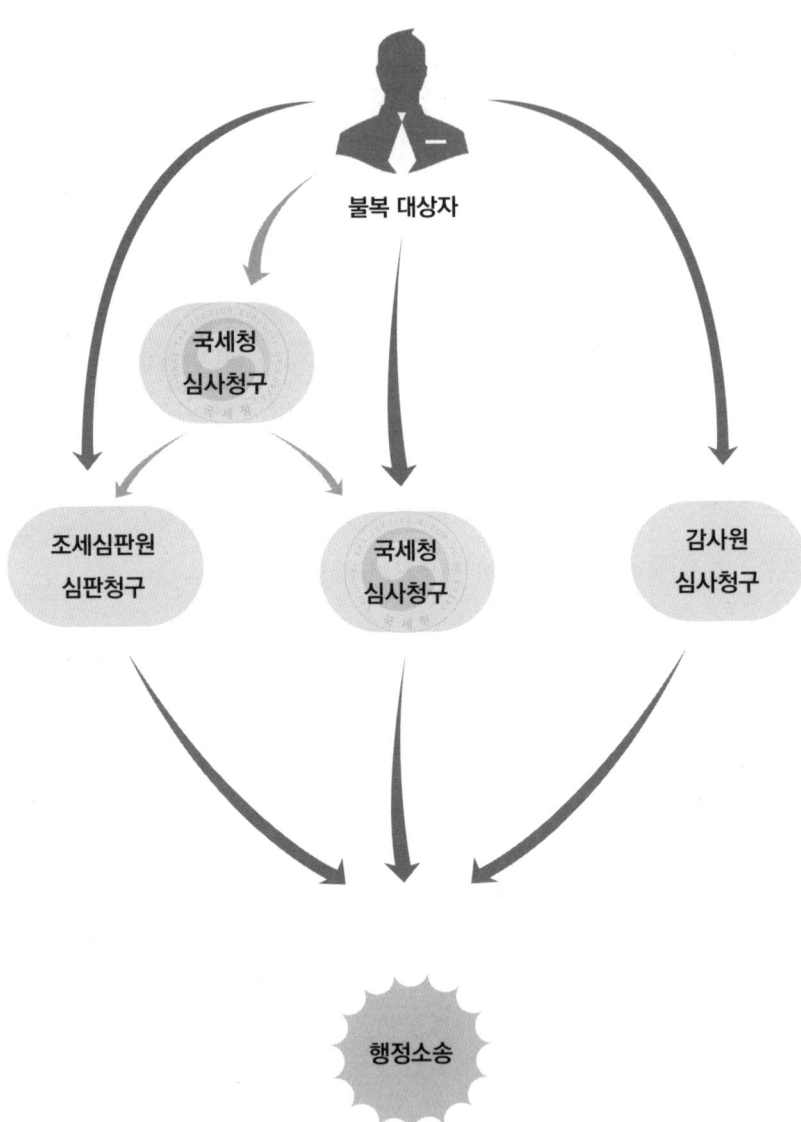

4. 행정소송의 다양한 판례

네 번째, 다양한 행정소송 판례를 설명하겠습니다. 정부의 권력에 국민 재산권이 침해되어 과세관청의 위법 또는 부당한 처분을 받은 납세자는 심사청구, 심판청구를 거쳐 종국적으로 행정소송을 통해 최종 자신의 권리를 구제받습니다.

묻고 행정소송도 심사청구와 심판청구 결정과 유사한 판결이 나지 않습니까?

답하고 절대 아닙니다. 조세 구제제도는 과세관청에서 결정한 내용을 국가 기관인 국세청, 조세심판원, 감사원에서 세금 징수가 맞는지 한 번 더 확인하는 제도입니다.

과세관청은 조세 평등의 원칙을 조세 법률관계에 구현하기 위한 실질과세의 원칙과 결합하여 헌법적인 효력을 가진다는 일관된 입장을 견지하고 있습니다. 외형상 '쟁점주식 증여 → 양도 → 소각' 거래를 '쟁점주식 양도 → 소각 → 현금증여'와 시간적 순서만 달리할 뿐 경제적 실질이 같은 것으로 보고 있습니다.

하지만, 최근 행정소송에서는 원고(납세자)가 승소하고 과세관청이 패하는 판결이 계속하여 나오고 있습니다.

묻고 그럼 내 주식을 배우자에게 증여한 후, 이익 소각을 했다는 이유로 세금 추징을 받으면 소송에서는 무조건 이기겠네요.

답하고 아닙니다. 최근 행정소송 판결을 유심히 살펴봐야 합니다. "국승"과 "국패"로 확연한 차이를 보입니다. 간단히 보면 아래와 같습니다.

1) 부산지방법원-2023-구합-20578 [국승]
2) 인천지방법원-2022-구합-58883 [국승]
3) 수원지방법원-2022-구합-70965 [국패]
4) 수원지방법원-2022-구합-70248 [국패]

2023년 8월 18일 부산지방법원에서 납세자가 패소하고 과세관청이 승소한 결과를 보면 국세기본법 제14조 3항에 따라 당사자가 거친 여러 단계의 거래가 처음부터 조세회피를 하기 위해 증여, 양도, 소각이 단기간에 순차적으로 이루어진 비합리적 형식이나 외관을 취하고 있고, 주식소각으로 인한 소득이 증여자에게 귀속한 것으로 보여 국세기본법 제14조 1항에 따라 사실상 귀속되는 자인 원고에게 종합소득세를 부과하는 원고(납세자) 패소, 과세관청이 승소하는 '국승' 결과가 나왔습니다.

국세기본법 제14조 실질과세

실질과세의 원칙이란 법적 형식이나 외관이 아닌 경제적 실질에 따라 납세자에게 과세하는 것을 말합니다.

> 『국세기본법 제14조(실질과세)』
> ① 과세의 대상이 되는 소득, 수익, 재산, 행위 또는 거래의 귀속이 명의일 뿐이고 사실상 귀속되는 자가 따로 있으면 사실상 귀속되는 자를 납세의무자로 하여 세법을 적용한다.
> ② 세법 중 과세표준의 계산에 관한 규정은 소득, 수익, 재산, 행위 또는 거래의 명칭이나 형식이 아닌 그 실질 내용에 따라 적용한다.
> <개정 2020.6.9.>
> ③ 제3자를 통한 간접적인 방법이나 둘 이상의 행위 또는 거래를 거치는 방법으로 이 법 또는 세법이 혜택을 부당하게 받기 위한 것으로 인정되는 경우에는 그 경제적 실질 내용에 따라 당사자가 직접 거래한 것으로 보거나 연속된 하나의 행위 또는 거래한 것으로 보아 이 법 또는 세법을 적용한다.

1) '귀속에 관한 실질과세'란 과세의 대상이 되는 소득 또는 거래의 귀속이 명의일 뿐이고 사실상 귀속되는 자가 따로 있으면 사실상 귀속되는 자를 납세의무자로 하여 세법을 적용하는 것을 말합니다.

2) '거래내용에 관한 실질과세'란 세법 중 과세표준의 계산에 관한 규정은 거래의 명칭이나 형식에 상관없이 실질 내용에 따라 적용해야 한다는 것입니다. 실질 내용이란 상거래 관계, 구체적인 증빙, 거래 당시의 정황 및 사회통념 등을 고려하여 판단한다는 것입니다.

3) '조세회피를 위한 경제적 실질과세'란 3자를 통한 간접적인 방법이나 둘 이상의 행위 또는 거래를 거치는 방법으로 세법이 혜택을 부당하게 받기 위한 것으로 인정되는 경우, 그 경제적 실질 내용에 따라 당사자가 직접 거래한 것으로 보거나 연속된 하나의 행위·거래한 것으로 해석하여 세법을 적용한다는 것입니다.

5. 2023년 4월 수원지방법원 1심 판결

 다섯 번째, 최근 2023년 4월 26일 "국패"로 원고(납세자)가 승소한 판결을 토대로 '배우자증여 후 이익 소각' 실행을 어떤 절차로 해야 하는지 살펴보겠습니다.

묻고 판결 결과부터 보여주세요.

답하고 아래와 같은 결과가 나왔습니다.

- 주 문 -

1. 피고가 2021.12.1. 원고에 대하여 한 2018년 종합소득세 224,570,820원(가산세 55,561,739)의 부과처분을 취소한다.
2. 소송비용은 피고가 부담한다.

묻고 사건의 개요를 알려주세요.

답하고 원고는 2021.12.1. 종합소득세 224,570,820원을 부과한 동안양세무서를 상대로 2022년도에 소송(종합소득세부과처분 취소)을 제기하였습니다.

묻고 처분의 경위를 자세히 보여주세요.

답하고 다음과 같이 진행되었습니다.

- 2018.11.21. 원고(배우자)가 박창웅에게 주식(2,500주)을 증여.
- 2018.11.22. 박창웅이 증여세 신고.
  (증여가액 583,250,000원, 배우자 증여공제 6억 원 활용)
- 2018.11.23. 임시주총에서 2,500주를 소각하기로 결의.
- 2018.12.27. 법인 A는 주식 2,500주를 소각.
- 2021.5.13.~2021.9.14. 중부지방국세청장이 주식변동 조사를 통해 이 사건 증여는 "가장거래"로서 국세기본법 제14조 3항에 따라 원고가 법인 A에게 직접 양도한 것으로 보아 의제배당 소득이 발행했다고 판단.
- 2021.12.1. 위 조사결과에 따라 동안양세무서는 2018년 종합소득세 224,870,820원을 경정, 고지.
- 2021.10.1. 원고는 과세전적부심사를 거침.
- 2022.1.28. 심사청구를 제기(기각).
- 2023.3.22. 변론 종결.

- 2023.4.26. 수원지방법원(1심) 기각 결정.

묻고 사건 내용을 자세히 알고 싶습니다. 원고(배우자)는 어떤 부분을 어떻게 주장했습니까?

답하고 원고(배우자)의 주장입니다.

박창웅은 A(법인)의 지배구조를 단순화하고 자신의 가지급금 등을 상환함으로 A(법인)의 부채비율을 감소시켜 재무건전성을 유지하기 위하여 절세의 방법 중 배우자증여공제 제도를 선택한 것이며, 이 사건의 증여와 이 사건 양도는 각각 독립한 경제적 실질이 존재하므로 원고가 A(법인)에게 이 사건 주식을 직접 양도한 것이 아니라고 주장했습니다.

묻고 과세관정은 어떤 부분을 어떻게 주장했습니까?

답하고 피고(과세관청)의 주장입니다.

이 사건에서 일련의 거래는 원고가 A(법인)에게 이 사건 주식을 직접 양도한 후, 주식양도대금을 박창웅에게 증여한 것으로 보는 것이 합당하기에 증여 후 양도가 아니라 양도 후 증여로 봐야 한다고 주장했습니다.

묻고   원고, 피고 다툼이 없는 사실은 무엇입니까?

답하고   원고와 피고의 다툼 없는 사실입니다.

박창웅은 2019.1.10. A(법인)로부터 양도대금 5.8억 원을 받아 4.8억 원은 가지급금 반제에 사용하였고, 1억 원은 3자에게 대여하였다는 사실에 대해서는 다툼이 없습니다.

묻고 판결에 있어서 관련 법리를 알고 싶습니다.

답하고 네. 국세기본법 제14조와 대법원 판례 4가지를 기초로 판단하였습니다.

1) 대법원 2012.1.19. 판례

실질과세의 원칙은 조세의 부담을 회피할 목적으로 비합리적인 형식이나 외관을 취하는 경우, 실질에 따라 과세함으로 부당한 조세회피 행위를 규제하고 과세의 형평에 따른 조세 정의를 실현하고자 하는 데 주된 목적이 있다.

2) 대법원 2001.8.21. 판례

납세의무자는 경제적 목적을 달성하기 위하여 여러 가지 법률관계 중의 하나를 선택할 수 있다. 과세관청은 특별한 이유가 없다면 당사자의 법률관계를 존중해야 한다.

3) 대법원 2017.12.22. 판례

여러 단계의 거래를 거친 후의 결과에는 손실 등의 위험 부담에 대한 보상뿐 아니라 외부적인 요인이나 행위 등이 개입되어 있을 수 있다. 그러므로 여러 단계의 거래를 거친 후의 결과만을 가지고 그 실질이 하나의 거래라고 쉽게 단정하면 안 된다.

4) 대법원 2017.2.15. 판례

당사자가 거친 여러 단계의 거래를 재구성하여 하나의 거래에 의한 증여로 보려면 납세의무자가 선택한 거래가 처음부터 조세회피의 목적을 이루기 위한 수단에 불과하여 재산 이전의 실질이 직접적인 증여를 한 것과 동일하게 평가되어야 한다.

납세의무자가 조세 부담의 경감 외에 사업상의 필요 등 다른 합리적인 이유 여부, 각각의 거래 또는 행위 사이의 시간적 간격, 손실 및 위험 부담의 가능성 등을 종합하여 판단하여야 한다.

묻고 법원에서 판단한 부분을 자세히 알고 싶습니다.

답하고 구체적 판단은 아래와 같습니다.

가. 이 사건 증여로 인하여 원고는 배우자 증여공제 한도가 감소하는 손실이 있었다. 주식의 소유관계, 배우자증여공제 한도, 가액 평가의 적정성을 고려하면 "가장행위"라 할 수 없다.

나. 상법 절차에 의해 이 사건 주식을 매수하고 소각하였으므로 "가장행위"가 아니다.

다. 이 사건 증여 및 양도는 모두 유효한 법률행위로 그 법률관계를 존중해야 한다. 국세기본법 제14조 3항은 이 사건과 같이 여러 단계의 거래 형식을 모두 부인하고, 이를 복수의 거래로 재구성하는 경우까지 허용한다고 볼 수 없다.

라. 이 사건 주식의 양도대금은 원고에게 귀속되지 않았고, 박창웅의 이익으로 귀속되었다.

마. 이 사건으로 박창웅의 지배구조 강화, 가지급금 상환, 재무건전성 유지의 목적이 달성되었다. 이 사건 증여와 양도는 각각 독립한 경제적 목적과 실질이 존재한다.

【저자 의견】

세법에 "절대 안 된다, 무조건 된다"는 없습니다. 다양한 상황에 따라 될 수도 있고, 되지 않을 수도 있습니다.

특히, 배우자 간 주식을 증여하면서, 배우자증여공제를 활용하여 증여세를 내지 않고 취득가를 높여, 배당소득세도 내지 않는 이익 소각을 실행할 때에는 세무 전문가를 통한 면밀한 분석이 필요합니다.

원고가 패소하고 승소한 판결내용을 자세히 살펴보면 합당한 이유가 있습니다.

2강

자사주 실행 프로세스

» 1. 상법 절차 소개
» 2. 일자별 해야 할 일
» 3. 자사주를 실행할 때 필요한 부속서류

1. **상법 절차 소개:** 자사주를 실행하는 회사는 상법 제341조와 상법 시행령 제10조에서 정한 절차에 따라 진행하여야 합니다.

2. **일자별 해야 할 일:** 이사회를 개최하고, 주주총회 소집통지서를 발송한 후 임시주주총회를 개최하고, 이사회에서 자사주매입 통지서를 발송한 후, 주식 양도를 신청하는 주주를 대상으로 매매 계약서를 작성하고 대금을 지급하면 됩니다. 이후 자사주 취득에 대한 내역서를 본점에 6개월간 비치해야 합니다.

3. **자사주를 실행할 때 필요한 부속서류:** 이사회 의사록, 주주총회 소집통지서, 임시주주총회 의사록, 이사회 의사록, 자사주매입 통지서, 주식평가서, 재무상태표, 주식 양도신청서, 통지서 수령확인서, 주식매매 계약서, 자기주식 취득 내역서가 필요합니다.

1. 상법 절차 소개

첫 번째, 상법 제341조에 따른 자사주 실행 절차를 설명하겠습니다. 단 하나라도 절차적 흠결이 있으면 안 됩니다.

묻고 자사주 실행절차를 알려주세요.

답하고 자기주식을 취득하려는 회사는 주주총회에서 취득할 수 있는 주식의 종류 및 수, 취득하고자 하는 가액 한도, 1년을 초과하지 아니하는 범위에서 자기주식을 취득할 수 있는 기간을 결의해야 합니다. 다만, 이사회의 결의로 이익배당을 할 수 있다고 정관으로 정하고 있는 경우에는 이사회 결의로 주주총회 결의를 갈음할 수 있습니다.

주주총회 결의를 토대로 이사회에서 다음의 여섯 가지 내용을 구체적으로 정해야 합니다
가. 자기주식 취득의 목적
나. 취득할 주식의 종류 및 수
다. 주식 1주를 취득하는 대가로 지급할 금전이나 그 밖의 재산의 내용 및 그 산정방법
라. 주식취득의 대가로 지급할 금전 등의 총액
마. 20일 이상 60일 내의 범위에서 주식 양도를 신청할 수 있는 기간
바. 양도신청 기간이 끝나는 날부터 1개월의 범위에서 양도의 대가를 지급하는 시기와 그 밖의 주식취득 조건

묻고   여섯 가지 내용을 확정한 후, 이사회에서 무엇을 해야 하나요?

답하고   이사회에서 결정한 내용과 회사의 재무 현황, 자사주 보유 현황 등을 자사주를 실행하기 2주 전까지 주주에게 통지해야 합니다.

2. 일자별 해야 할 일

두 번째, 자사주를 실행하는 법인에서 상법 절차에 따라 일자별 어떤 행위를 해야 하는지 설명하겠습니다.

묻고 쉽고 간략하게 설명해 주세요.

답하고 네. 알겠습니다. 자사주를 실행하기 위해서는 상법 시행령 제10조에 명시된 다음과 같은 단계를 일정에 따라 진행해야 합니다. 설명의 편의를 위해 자사주 실행의 사전계획 수립을 2024년 1월 1일을 기점으로 하겠습니다. 각 단계 실행날짜는 시행령 규정에 따른 일정을 따랐습니다.

1단계: 2024년 1월 1일 이사회를 개최하여 아래와 같이 사전계획을 수립합니다. 2024년 상반기 5억 원의 투자금을 유치할 때 투자자에게 신주를 발행하여 주식을 교부하지 않고 기존 주주가 보유하고 있는 주식을 활용하는 것이 좋다고 판단하여, 사전적으로 회사가 각 주주가 가진 주식을 자사주로 매입하는 것에 대해 이사회에서 계획을 수립합니다.

2단계: 2024년 1월 15일 이사회를 개최합니다. 당 회사의 이사 3명 전원이 참석하여 2024년 1월 29일 오전 10시에 '투자자 유치를 위한 자사주 취득'을 안건으로 하여 주주총회를 개최하는 것에 대해 이사 전원 찬성으로 의결하고 이사회 의사록을 작성합니다.

3단계: 2024년 1월 15일 주주총회 소집통지서를 발송합니다. 이사회에서 채택한 주주총회 개최 안건인 '투자자 유치를 위한 자사주 취득'을 토의하고자 하고자 하오니 반드시 참석해 달라는 통지서를 주주총회 개최 10일 전에 우편으로 발송합니다. 당 회사는 자본금이 10억 원 이하로서 기간 단축이 가능합니다. 상황이 긴박하다고 판단하면 주주 전원의 동의로 10일을 채우지 않고 주주총회를 개최해도 됩니다.

4단계: 2024년 1월 29일 임시주주총회를 개최합니다. 주주총회를 개최하여 취득할 수 있는 주식의 종류와 수, 취득할 가액의 한도, 취득하고자 하는 기간에 대하여 토의하여 결정한 내용에 대해 주주총회 의사록을 작성합니다.

5단계: 2024년 1월 29일 이사회를 개최합니다.
이사회를 개최하여 아래의 6가지 내용을 의결하고 이사회 의사록을 작성합니다.
① 자기주식 취득의 목적
② 취득할 주식의 종류 및 수
③ 주식 1주를 취득하는 대가로 교부할 금전이나 그 밖의 재산의 내용 및 그 산정방법
④ 주식취득의 대가로 교부할 금전 등의 총액
⑤ 20일 이상 60일 내의 범위에서 주식 양도를 신청할 수 있는 기간
⑥ 양도신청 기간이 끝나는 날부터 1개월의 범위에서 양도의 대가로 금전 등을 교부하는 시기와 그 밖의 주식취득 조건

6단계: 2024년 1월 29일, 당일 개최한 주주총회와 이사회에서 의결한 내용을 정리한 자사주매입 통지서 및 아래의 4가지 문서를 동봉하여 주주들에게 우편으로 발송합니다.
① 주당 취득할 가액 산정 근거(주식 가치 평가보고서)
② 재무상태표
③ 주식 양도신청서
④ 통지서 수령확인서

7단계: 2024년 3월 11일부터 3월 15일까지 주식 양도를 신청한 주주를 대상으로 주식매매 계약서를 작성합니다. 계약서에는 대상 주식의 수와 대금지급일, 금액 등을 명기한 후 매도인과 매수인의 성명, 주소, 주민등록번호(법인등록번호)를 확인하여 2통을 작성하여 매도인 매수인 각 1통씩 나누어 갖습니다.

8단계: 2024년 3월 16일 이후 자사주 취득내용을 적은 자기주식 취득에 대한 내역서를 언제든지 열람, 등본 사본의 교부 청구가 가능하도록 본점에 6개월간 비치하여야 합니다.

3. 자사주를 실행할 때 필요한 부속서류

 세 번째, 자사주를 실행하는 법인은 앞서 설명한 8단계의 절차를 거치면서 단계에 따라 서류를 작성해야 합니다. 아울러 필요하다면 공증을 받아 둘 필요도 있습니다.

묻고 왜 그렇게 해야 하나요?

답하고 향후 세무조사 등에 대응하기 위해서입니다. 자사주를 실행하면 회사 자금의 유출이 생깁니다. 매도하는 주주에게 배당과 달리 적은 세금으로 주주 이익을 많이 줄 수 있습니다. 이러한 이유로 국세청은 "자사주 플랜"을 관심을 가지고 지켜보고 있습니다.

필요하다면 이사회 의사록, 주주총회 의사록 공증이 필요할 수도 있습니다. 아울러 자사주매입 통지서는 등기 혹은 내용증명으로 모든 주주에게 발송하여, 통지의무를 다했다는 입증에 대한 대비가 필요합니다.

다음은 단계별 필요 서식입니다.

2단계 서류. 이사회 의사록

이사회 의사록

주식회사 대한민국

본 회사는 서기 1월 15일 10시 본점 회의실에서 이사회를 개최하다.

출석 이사의 수 3명   총 이사의 수 3명

대표이사는 정관규정에 따라 이 회의 진행을 위하여 의장석에 등단하여 위와 같이 법정수에 달하는 이사들이 출석하였으므로 본 이사회가 적법히 성립되었음을 알리고 개회를 선언한 후 다음 의안을 부의하고 심의를 구하다.

본 회사의 임시주주총회에서 소집에 대하여 다음과 같이 결정한다.

- 다 음 -

- 임시 주주 총회 개최일 : 2024년 1월 29일
- 임시 주주 총회 안건 :
  1안 : 일시 보유를 위한 자사주 취득

이상과 같이 결정하고 이에 기명날인하다.

2024년 1월 15일

주식회사 대한민국   (법인)

대표이사 AAA (인)   사내이사 BBB (인)   사내이사 CCC (인)

3단계 서류. 주주총회소집 공고

주주총회소집 공고

본 회사는 1월 29일 10시, 당 회사 본점 회의실에서 임시주주총회를 개최하고 다음 사항을 부의하겠으므로 출석하여 주시길 바랍니다.

회의의 목적된 사항

제1호 의안 : 일시 보유를 위한 자사주 취득

2024년 1월 15일

주식회사　대한민국　(법인)

4단계 서류. 임시주주총회 의사록

임 시 주 주 총 회 의 사 록

주식회사 대한민국

1. 일 시 : 2024년 1월 29일 오전 10:00
2. 장 소 : 본점회의실
3. 출석주주현황   총 주주의 수 2명   출석 주주의 수 2명
                  총 주식의 수 10,000 주   출석 주주의 주식 수 10,000주

의장 대표이사 AAA는 의장석에 등단하여 의장직을 보게 되었음을 설명하고, 총회의 개최에 앞서 참석 주주님들에게 상법 제363조 4항 및 동법 제364조에 근거하여 금일 본 장소에서 개최됨을 알리고, 위와 같이 법정수에 달하게 출석하였으므로 본 총회가 적법하게 성립되었으므로 개회를 선언하다. 이어서 의안을 상정하고 이를 부여하다.

제1호 의안 : 일시 보유를 위한 자기주식 취득 결정의 건

의장은 상기 의안을 상정하고 자기주식 취득에 관한 뜻을 설명한 후 심의를 구한 바, 참석주주 및 이사들 상호 간의 신중한 질의와 토의가 있은 후 만장일치로 다음과 같이 이를 가결하다.

- 다 음 -

- 취득 할 수 있는 주식의 종류 및 수 : 발행주식의 총수 50% 이내 / 보통주식 5,000주 이내
- 취득가액의 총액의 한도 : 금 10억 원 (₩ 1,000,000,000원정)
- 취득하고자 하는 기간 : 2024. 2. 20. ~ 2024. 12. 31
- 기타 자기주식 취득에 관한 구체적인 사항은 취득을 결정하는 시점의 이사회 결의에 따른다.

이상으로서 금일의 안이 전부 심의 종료하였으므로 의장은 폐회를 선언하다.
(회의종료시간 10시 30분)

위 의사 및 경과 요령을 증명하기 위하여 이 의사록을 작성하고 의장과 출석한 이사는 다음에 서명 및 기명날인한다.

2024년 1월 29일

주식회사 대한민국   (법인)

대표이사 AAA (인)   사내이사 BBB (인)   사내이사 CCC (인)

5단계 서류. 이사회 의사록

이사회 의사록

주식회사 대한민국

본 회사는 서기 1월 29일 10시 본점 회의실에서 이사회를 개최하다.

출석 이사의 수 3명   총 이사의 수 3명

대표이사는 정관규정에 따라 이 회의 진행을 위하여 의장석에 등단하여 위와 같이 법정수에 달하는 이사들이 출석하였으므로 본 이사회가 적법히 성립되었음을 알리고 개회를 선언한 후 다음 의안을 부의하고 심의를 구하다.

제1호 의안 자기주식 취득 결정의 건

- 자기주식 취득의 목적 : 일시 보유
- 취득하고자 하는 주식의 종류와 수 : 기명식 보통주식 5,000주 (발행주식의 50%) 이내.
- 취득하고자 하는 주식의 대가로 교부할 금전의 재원
  - 상법 제462조 제1항 1호 ~ 4호 금액을 제외한 초과 금액 중 일부 (자기주식매입통지서참조)
- 주식 1주를 취득하는 대가로 교부할 금전 등의 내용 및 산정방법
   (1) 1주의 취득가액 : 금 200,000원
   (2) 산정방법 : 별첨. 주당 취득가액 산정내역서에 따름
- 취득예정금액 : 금 팔억 원(₩ 800,000,000원정)
- 양도신청기간 : 2024년 2월 20일 ~ 2024년 3월 11일 까지. [양도신청기간 20일]
- 계약의 성립시기 : 2024년 3월 11일~15일 (5일간) 양도인 및 양수인 간 매매계약서 작성.
- 취득대가의 교부 시기 : 2024년 4월 15일 18시 까지.
- 취득 전 자기주식의 보유현황 : 없음.
- 기타사항 : 상법 제341조 및 상법시행령 10조를 준용한다.

별첨. 주당 취득가액 산정내역서 1부

이상과 같이 결정하고 이에 기명날인하다.

2024년 1월 29일

주식회사 대한민국 (법인)

대표이사 AAA (인)   사내이사 BBB (인)   사내이사 CCC (인)

6단계 서류. 자사주매입 통지서

자사주매입 통지서

발신인 : 주식회사 대한민국   대표이사 AAA
수신인 : 주주 AAA, 주주 BBB

삼가 주주님의 건승과 댁내의 평안하심을 기원합니다.
당 회사는 2024년 1월 29일 임시주주총회의 결의 및 이사회 결의로 자기주식의 취득을 결정하였으므로 해당 주주님께서는 아래 양도 신청기간까지 그 의사를 서면으로 통지 바라옵고 그 사항을 다음과 같이 통지합니다.

제 목 : 자기주식 취득 통지 및 절차 안내
1. 발신인 회사는 2024.1.29. 이사회 결의에 따라 회사의 자기주식 취득을 결정하였는바, 상법 시행령 제 9조 제3항에 따라 다음의 사항을 통지합니다.

- 다 음 -

[이사회 결의 내역]

　(중략)

2. 이에 따라 주식을 회사로 양도하고자 하시는 주주께서는 주식 양도 신청기간 내에 회사에 '별첨3. 주식의 양도신청서'를 작성하여 제출하여 주시기 바랍니다.
3. 본 통지서를 받으신 모든 주주분 들께서는 '별첨4. 통지서 수령 확인서'를 작성하여 2024.3.11. 까지 회사로 제출하여 주시기 바랍니다.

별첨1. 주당 취득가액 산정내역서
별첨2. 재무상태표
별첨3. 주식양도 신청서
별첨4. 통지서 수령 확인서   210월 6일

위 발신인   주식회사 대한민국 대표이사   AAA (법인)

[별첨 1] 주식평가서

[별첨1. 주당 취득가액 산정표]

[별첨 2] 재무상태표

[별첨2. 재무상태표]

[별첨 3] 주식 양도신청서

[별첨3. 주식양도 신청서]

주식 양도신청서

본인은 주식회사 대한민국 (이하 '회사')의 주주인 바, 2024. 1. 29. 회사 이사회 결의에 따른 자기주식 취득 절차에 응하여 다음과 같이 본인이 보유한 주식에 대한 양도 신청을 하는 바입니다.

현재 보유주식의 종류와 수: 기명식 보통주식 5,000주
양도신청 주식의 종류와 수: 기명식 보통주식   주

[취득의 조적(이사회 결의 내역)]

(중략)

[기타]
주주들이 양도 신청한 주식의 총수가 취득할 주식의 총수를 초과하는 경우, 다음의 산식에 따라 양도가 이루어집니다.
 양도신청 주식의 수 x (양도 신청된 주식의 총수/ 5,000주)

2024년　3월　일

위 신청인　성　명:　　　　(인)

주식회사 대한민국 귀중

[별첨 4] 통지서 수령확인서

[별첨4. 통지서 수령확인서]

통지서 수령확인서

본인은 주식회사 대한민국(이하 '회사')의 주주인 바, 2024. 1. 29. 이사회 결의에 따른 자기주식 취득 절차상 다음 사항을 담은 주주별 통지서를 수령하였음을 확인하는바 입니다.

[취득의 조적(이사회 결의 내역)]

(중략)

[기타]
주주들이 양도 신청한 주식의 총수가 취득할 주식의 총수를 초과하는 경우, 다음의 산식에 따라 양도가 이루어집니다.
  양도신청 주식의 수 x (양도 신청된 주식의 총수/ 5,000주)

2024년 3월 일

위 신청인   성 명 :   (인)

주식회사 대한민국 귀중

7단계 서류. 주식매매 계약서

주 식 매 매 계 약 서

매도인 AAA를 "갑"으로 하고 매수인 주식회사 대한민국을 "을"로 하여 "갑", "을" 당사자는 다음과 같이 매매계약을 체결한다.

【제1조】매도인 "갑"은 매수인 "을"에 대하여 다음의 물건(주식)을 다음 각호의 약정에 의하여 매도할 것을 약정하고 매도,매수인 "갑""을"은 이를 쌍방 허락한다.

- 다 음 -

1. 주식회사 대한민국 / 보통주 2,500주
   [No.000001號 ~ 000025號]

【제2조】물건의 인도일시, 장소, 대금액 및 그의 지급방법은 다음과 같다.
   1. 계약 및 인도일시 : 2024년 3월 15일
   2. 계약 및 인도장소 : 주식회사 대한민국 본점 회의실
   3. 대급액 및 지급방법 : 대금액은 금 500,000,000원으로 정하고 "갑"은 주권을 "을"에게 인도하고 "을"은 "갑"에게 매매대금을 동년 4월 15일 18시까지 매도인의 지정계좌에 이를 전액 지급하기로 한다. (단, 매도인과 매수인간 협의 하에 그 기간을 연장 또는 단축할 수 있다)

【제3조】매수인 "을"이 제2조의 3 지급기간까지 대금액을 지급하지 아니하였을 때는 본 계약은 해지된 것으로 하고, "갑""을"중 일방의 귀책사유로 인하여 본 계약이 해지되어 금전 및 기타 손해가 발생하였을 경우 그 손해에 대하여 "갑""을"은 상대방에게 그에 따른 배상책임을 진다.

이 약정을 증명하기 위하여 본 증서 2통을 작성하고 기명 날인한 후 각각 1통씩 보관한다.

2024년 3월 15일

매도인 : AAA   (인)

매수인 : 주식회사 대한민국   (법인)

8단계 서류. 자기주식 취득내역서

[자기주식 취득 내역서]

주식회사 대한민국은 상법 341조, 동법 시행령 제9조, 10조, 정관규정 및 주주총회의 결의에 따라 아래와 같이 자기주식을 취득하였음을 확인합니다.

-아 래-

1. 취득목적: 투자자 유치를 위한 자기주식 보유
2. 취득 주식의 종류와 수: 보통주 2,500주
3. 취득금액: 500,000,000원
4. 신청기간: 2024.2.20.~2024.3.11.
5. 취득방법: 주주에게 통지하여 취득
6. 취득 주식의 가격: 1주당 200,000원

2024년 3월 16일.

주식회사 대한민국

대표이사 AAA (법인)

3강

초회 상담 화법

» 1. 자사주의 개요 설명하기
» 2. 자사주의 법적 근거 설명하기
» 3. 자사주에 따른 주주의 세금 설명하기
» 4. 이익 소각을 목적으로 하는 이유 설명하기
» 5. 이익 소각과 감자의 차이 설명하기

1. **자사주의 개요:** 자사주란 법인이 발행한 주식을 주주에게 일정한 대가를 지급하고 회사가 재취득하여 보유하는 것을 말합니다.

2. **법적 근거:** 2011년 상법 제341조의 개정으로 비상장 법인도 자사주를 특수 목적이 아니라도, 상법 제462조의 1항의 한도 내 금액을 자기주식의 취득자금으로 사용할 수 있게 되었습니다.

3. **자사주에 따른 주주의 세금:** 자사주를 매수하는 회사의 목적에 따라 주식을 매도하는 주주는 양도소득세 또는 배당소득세를 내야 합니다.

4. **이익 소각을 목적으로 하는 이유:** 자사주를 실행하는 회사가 일시보유하는 것을 목적으로 하면 향후 자사주 관리가 필요하지만, 소각하면 자사주 관리를 하지 않아도 됩니다.

5. **이익 소각과 감자의 차이:** 가장 큰 차이점은 이익 소각을 하면 주식 수는 줄어들어도 자본금은 변동이 없다는 점입니다. 하지만 감자는 주식 수와 자본금이 동시에 줄어듭니다.

1. 자사주의 개요 설명하기

 자사주의 개요를 설명하겠습니다. 자사주란 주주에게 일정한 대가를 지급하고 회사가 발행한 주식을 재취득하여 보유하는 것을 말합니다.

묻고 법인이 왜 자기회사 주식을 보유합니까?

답하고 현재 본인 회사의 주식 가격은 낮지만 향후 가격이 상승한다고 판단할 때, 자기회사 주식을 매입합니다. 낮은 가격으로 매입한 주식을 향후 기업의 성장으로 가격이 높아질 때 팔면 이익이 생깁니다. 회사는 이익 창출이 목적입니다.

그와 더불어 회사에서 특정 주주의 주식을 매수하면, 대주주의결권이 강화되고, 매수한 주식은 향후 임직원에 대한 보상 혹은 가업 승계 시 다양하게 활용할 수 있습니다.

가지급금 상환, 차명주식 해결 및 회사가 과다하게 보유하고 있는 유보금인 미처분이익잉여금을 사외에 유출하면 주식 가치가 조절되어 지분율 조정의 중요한 전략으로 사용할 수 있다고 생각하여 자기회사 주식을 매입하여 보유합니다.

묻고 매달 월급을 받고 있는데 굳이 "자사주 실행"을 할 이유가 있을까요?

답하고 네. 있습니다. 소득세 절세에 많은 도움이 됩니다. 대표님은 임원으로 회사를 경영하고, 주주로서 주주총회에서 회사 경영의 모든 것을 결정할 수 있습니다.

기업 경영으로 형성한 법인 돈은 대표님에게 이전될 때 반드시 세금을 내야 합니다. 대표님은 회사를 경영하는 임원의 지위와 자본금을 출자한 주주의 지위도 가지고 있기에 임원으로 급여나 상여금을, 주주로 배당을 받을 수 있습니다.

이와 더불어 출자할 때 받은 주식이 회사의 성장으로 가치가 높아지면 본인이 소유한 주식을 팔아 양도차익을 챙길 수 있습니다.

자사주는 실행하는 금액과 상황에 따라 세금이 전혀 없습니다. 금액이 많아도 급여 등에 비해 절반의 세금만 내면 되어 좋은 절세전략이 됩니다.

묻고 가지급금도 정리할 수 있습니까?

답하고 네. 가지급금을 해결할 수 있습니다. 가지급금은 법인을 경영할 때 반드시 제거해야 할 위험입니다. 이유를 불문하고 대표님이 책임을 져야 합니다. 급여를 인상하거나 배당금을 받아서, 혹은 퇴직할 때 퇴직금으로 상환해야 합니다.

이때 고려해야 할 요건이 세금입니다. 급여·상여·배당금을 받아 상환한다면 45%(최고세율)의 세금을 부담해야 합니다. 하지만 자사주를 실행하는 회사에 대표님의 주식을 양도하면 급여·상여·배당금을 받아서 상환하는 것의 50% 혹은 그 이하의 세금으로 가지급금을 정리할 수 있습니다.

묻고 회사에 자금 여유가 없습니다. 그런데도 가능합니까?

답하고 가능합니다. 주식을 양도하는 주주와 주식을 양수하는 법인은 계약서를 작성합니다. 계약서에는 계약의 목적물을 반드시 기재하여야 하며 물건의 금액을 확정한 후, 대금 지급 기한을 당사자 간의 합의로 결정합니다.

만약 주식을 매도하는 주주가 법인 재무상태표의 가지급금 상환 의무를 가진 채무자라면 법인에서 지급해야 할 주식 매수대금과 서로 상계하여 처리할 수 있습니다.

묻고 또 다른 장점이 있습니까?

답하고 주식 가치를 조정할 수 있습니다. 주식 기치는 법인의 순손익 가치와 순자산 가치를 가중평균하여 계산합니다.

법인에서 실행하는 자사주는 기업 내 유보된 미처분이익잉여금을 재원으로 하므로 미처분이익잉여금을 줄여 주식 가치를 낮출 수 있습니다. 이렇게 낮아진 주식을 토대로 대표님이 원하는 주주 지분율을 구성할 수 있습니다.

2. 자사주의 법적 근거 설명하기

 우리 회사에서 자사주를 실행할 수 있는 법적 근거를 설명하겠습니다. 2011년 상법이 개정되기 전에는 특별한 다섯 가지 외에는 자기회사 주식을 매입할 수 없었습니다. 하지만 상법 제341조가 개정되어 비상장 중소기업도 자사주를 실행할 수 있게 되었습니다.

묻고 어떤 내용이 개정되었나요?

답하고 개정 전 상법에서는 제341조에 다섯 가지 조건을 명기하고 이 경우 외에는 자기의 주식을 취득할 수 없다고 제한하였습니다. 주식을 소각하려는 때, 회사의 합병 또는 다른 회사의 영업 전부를 양수할 때, 회사의 권리를 실행하고 그 목적을 달성하기 위할 때, 단주의 처리를 위하여 필요할 때, 주주가 주식매수청구권을 행사할 때에만 주식을 취득할 수 있다고 하였습니다.

2011년 4월 상법 제341조가 전폭적으로 개정을 하여 재무상태표상 이익잉여금 중 미처분이익잉여금을 한도로 하여 상법 시행령 제10조에 따라 자사주를 취득할 수 있게 되었습니다.

『상법 제341조(자기주식의 취득)』

① 회사는 다음의 방법에 따라 자기의 명의와 계산으로 자기의 주식을 취득할 수 있다.

1. 거래소에 시세가 있는 주식의 경우에는 거래소에서 취득하는 방법

② 제1항에 따라 자기주식을 취득하려는 회사는 미리 주주총회의 결의로 다음 각호의 사항을 결정하여야 한다. 다만, 이사회의 결의로 이익배당을 할 수 있다고 정관으로 정하고 있는 경우에는 이사회의 결의로써 주주총회의 결의를 갈음할 수 있다.

1. 취득할 수 있는 주식의 종류 및 수
2. 취득하고자 하는 가액 총액 한도
3. 1년을 초과하지 아니하는 범위에서 자기주식을 취득할 수 있는 기간

③ 회사는 해당 영업연도의 결산기에 대차대조표상의 순자산액이 제462조 제1항 각호의 금액의 합계액에 미치지 못할 우려가 있는 경우에는 제1항에 따른 주식을 취득하여서는 안 된다.

[전문개정 2011.4.14.]

묻고 상법 시행령 제10조에서 정하고 있는 자사주 절차는 어떻게 되나요?

답하고 이사회 결의로서 여섯 가지 내용을 정해 주주에게 공고하고, 양도하려는 주주는 회사에 양도 신청한 후 회사와 양도계약을 체결하는 절차를 기일에 맞추어서 하면 됩니다.

자기주식 취득의 목적, 취득할 주식의 종류 및 수, 1주를 취득하는 대가 및 산정방법, 주식취득 대가로 지급할 금전의 총액, 신청할 수 있는 기간, 금전 등을 교부하는 시기립니다.

> 『상법 시행령 제10조(자기주식 취득의 방법)』
> 회사가 제9조 제1호에 따라 자기주식을 취득하는 경우에는 다음 각호의 기준에 따라야 한다.
>   1. 법 제341조 제2항에 따른 결정을 한 회사가 자기주식을 취득하려는 경우에는 이사회의 결의로써 다음 각 목의 사항을 정할 것. 이 경우 주식취득의 조건은 이사회가 결의할 때마다 균등하게 정하여야 한다.
>   가. 자기주식 취득의 목적
>   나. 취득할 주식의 종류 및 수
>   다. 주식 1주를 취득하는 대가로 교부할 금전이나 그 밖의 재산(해당 회사의 주식은 제외한다. 이하 이 조에서 "금전 등"이라 한다)의 내용 및 그 산정방법
>   라. 주식취득의 대가로 교부할 금전 등의 총액

마. 20일 이상 60일 내의 범위에서 주식 양도를 신청할 수 있는 기간(이하 이 조에서 "양도신청 기간"이라 한다)
　　바. 양도신청 기간이 끝나는 날부터 1개월의 범위에서 양도의 대가로 금전 등을 교부하는 시기와 그 밖에 주식취득의 조건
　2. 회사는 양도신청 기간이 시작하는 날의 2주 전까지 각 주주에게 회사의 재무 현황, 자기주식 보유현황 및 제1호 각 목의 사항을 서면으로 또는 각 주주의 동의를 받아 전자문서로 통지할 것. 다만, 회사가 무기명식의 주권을 발행한 경우에는 양도신청 기간이 시작하는 날의 3주 전에 공고하여야 한다.
　3. 회사에 주식을 양도하려는 주주는 양도신청 기간이 끝나는 날까지 양도하려는 주식의 종류와 수를 적은 서면으로 주식 양도를 신청할 것
　4. 주주가 제3호에 따라 회사에 대하여 주식 양도를 신청한 경우 회사와 그 주주 사이의 주식 취득을 위한 계약 성립의 시기는 양도신청 기간이 끝나는 날로 정하고, 주주가 신청한 주식의 총수가 제1호 나목의 취득할 주식의 총수를 초과하는 경우 계약 성립의 범위는 취득할 주식의 총수를 신청한 주식의 총수로 나눈 수에 제3호에 따라 주주가 신청한 주식의 수를 곱한 수(이 경우 끝 수는 버린다)로 정할 것

3. 자사주에 따른 주주의 세금 설명하기

 자사주를 실행하는 회사에 주식을 매도하는 주주가 부담하는 세금은 의제배당에 해당하는 배당소득세, 양도에 해당하는 양도소득세로 나누어지므로, 구분하여 설명하겠습니다.

묻고 배당소득세와 양도소득세로 구분하는 이유가 무엇입니까?

답하고 상황에 따라 다릅니다. 회사가 어떤 목적을 가지고 자사주를 실행하는가에 따라 주식을 매도하는 주주에게 부과되는 세금이 달라집니다.

회사가 주주에게 매수한 주식을 바로 소각하기 위해 자사주를 실행하면, 주식을 매도하는 주주는 배당을 받는 것과 같은 효과가 발생하여 세법에서는 의제배당으로 보아 배당소득세를 부과합니다.

하지만, 주주에게 매수한 주식을 향후 회사의 경영을 위해 일시적으로 보유하고자 하는 목적에서 자사주를 실행하면 주식을 매도하는 주주에게는 양도소득세를 부과합니다.

묻고 배당소득세와 양도소득세를 비교하여 우리 회사에서는 어떤 방법이 좋은지 알려주세요.

답하고 네. 현재 파악한 회사(중소기업)의 재무상황을 토대로 법인에서 대표님이 10억 원을 가져가는 상황을 가정하여 알려드리겠습니다.

총 발행주식	대표님 주식	액면가	1주당 평가액
10,000주	10,000주	10,000원	200,000원

1) 배당소득세가 부과되는 경우 세금은 3.04억 원

법인에서 이익 소각을 목적으로 자사주를 실행할 때 주주에게는 아래와 같은 단계에 따라 배당소득세를 계산합니다. 10억 원에 대한 실효세율은 30.4%입니다.

① 법인에서 자사주를 실행할 금액을 1주당 평가액으로 나누어서 매수해야 할 주식 수를 산정합니다.
   계산: 1,000,000,000 ÷ 200,000 = 5,000주

② 1주당 평가액에 액면가를 차감하여 1주당 양도차익 금액을 산정합니다.

계산: 200,000 - 10,000 = 190,000원

③ 매수해야 할 주식 수에 1주당 양도차익 금액을 곱해서 의제배당에 해당하는 총 양도차익 금액을 산정합니다.

계산: 5,000주 × 190,000원 = 950,000,000원

④ Gross-up을 합니다.

계산: 950,000,000 × 11% = 104,500,000원

⑤ 과세표준을 구하기 위해 의제배당에 해당하는 금액과 Gross-up 금액을 더해 줍니다.

계산: 950,000,000 + 104,500,000 = 1,054,500,000원

⑥ 과세표준에 해당 세율을 곱하고 누진 공제를 하여 세액을 산정합니다.

계산: 1,054,500,000 × 45% - 65,940,000 = 408,585,000원

⑦ 세액에 Gross-up 금액을 차감하여 산출세액을 계산합니다.

계산: 408,585,000 - 104,500,000 = 304,085,000원

2) 양도소득세가 부과되는 경우 세금은 2.22억 원

법인에서 일시적 보유를 목적으로 자사주를 실행할 때 주주에게는 아래와 같은 단계에 따라 양도소득세를 계산합니다. 10억 원에 대한 실효세율은 22.2%입니다.

① 법인에서 자사주를 실행할 금액을 1주당 평가액으로 나누어서 매수해야 할 주식 수를 산정합니다.
  계산: 1,000,000,000 ÷ 200,000 = 5,000주

② 1주당 평가액에 액면가를 차감하여 1주당 양도차익 금액을 산정합니다.
  계산: (200,000 - 10,000) = 190,000원

③ 매수해야 할 주식 수에 1주당 양도차익 금액을 곱해서 양도차익 금액을 산정합니다.
  계산: 5,000주 × 190,000원 = 950,000,000원

④ 양도차익에 해당하는 세율을 곱하여 산출세액을 계산합니다.
  계산: (3억 × 20%) + (6.5억 × 25%) = 222,500,000원

4. 이익 소각을 목적으로 하는 이유 설명하기

 이익 소각을 목적으로 자사주를 실행하는 이유를 설명하겠습니다. 자사주를 실행하는 목적에 따라 회사에 주식을 매도하는 주주의 소득 종류가 달라지고 그에 따른 세금도 달라집니다.

묻고 그런데 자사주를 실행하는 목적을 굳이 이익 소각으로 하는 이유가 무엇입니까?

답하고 소각을 하면 향후 자사주 관리를 하지 않아도 되기 때문입니다. 일시보유를 목적으로 자사주를 실행하면 낮은 양도소득세율을 적용하여 세금이 줄어들지만, 향후 보유하고 있는 자사주를 계속 관리해야 하는 부담이 있습니다. 반면, 매입한 주식을 소각하면 높은 배당소득세를 내지만 관리가 필요하지 않습니다.

특히, 본인이 가진 주식을 직접 법인에 양도하지 않고 배우자에게 주식을 증여받아 취득가를 높이면 의제배당에 해당하는 금액이 낮아져 실제 부담할 세금은 그렇게 많지 않습니다.

묻고 양도소득세율은 얼마나 됩니까?

답하고 2015년까지 비상장주식의 양도소득세율은 양도차익에 대해 10%에 해당하는 세율을 적용했습니다. 그러나 2016년부터 다음과 같이 변경되었습니다.

구분			세율
중소기업	소액주주		10%
	대주주	3억 이하	**20%**
		3억 초과	**25%**
중소기업 외	소액주주		20%
	대주주	1년 미만	30%
		1년 이상 3억 이하	20%
		1년 이상 3억 초과	25%

묻고 일시보유를 목적으로 자사주를 실행하여 오랜 기간 보유하고 있는 법인이 이사회 결의에 따라 소각을 하면 어떻게 되나요?

답하고 일시보유가 목적인 회사에 주식을 매도한 주주는 양도소득세를 냅니다. 소각이 목적이었다면 배당소득세를 내야 했습니다. 그러므로 섣불리 이사회 결의에 따라 소각을 하면 안 됩니다. 사안을 면밀하게 검토하여 결정해야 합니다.

5. 이익 소각과 감자의 차이 설명하기

 이익 소각과 감자의 차이를 설명하겠습니다. 이익 소각과 감자 모두 법인 주식을 소각하지만, 주식소각 후 해당 법인의 자본금이 어떻게 변화하는지가 가장 큰 차이점입니다.

묻고 이익 소각을 왜 합니까?

답하고 이익 소각이란 법인에 쌓여있는 배당 가능한 이익을 재원으로 자기주식을 매입하여 소각하는 것을 말합니다. 법인에 유보된 미처분이익잉여금은 법인의 주식 가치를 상승시켜 예상치 못한 세무 문제를 발생시킵니다.

법인 주식을 자녀에게 물려주는 경우 상속세·증여세, 타인에게 주식을 양도하는 경우 양도소득세, 사업을 청산하는 경우 청산소득세 등 다양한 세무 위험이 있습니다.

미처분이익잉여금을 적절하게 해소하는 다양한 방법 중 이익 소각은 법인자금을 적은 세금만 내고 개인 자금으로 활용할 수 있는 좋은 전략입니다.

묻고 유상감자가 무엇입니까?

답하고 유상감자란 주식 수를 줄여 자본을 감소하는 것입니다. 소멸하는 주식의 대가는 균등감자인지 불균등감자인지에 따라 금액을 달리 정할 수 있습니다.

주식 유통량이 많은 법인이 주가 관리와 기업 인수 및 합병을 할 때 편리하게 사용할 수 있습니다. 주주에게 미치는 영향이 크므로 주주총회 특별결의에 따라 채권자에게 공고하는 채권자 보호 절차를 반드시 거쳐야 합니다.

묻고 이익 소각과 감자의 제일 큰 차이점은 무엇입니까?

답하고 주식을 소각한다는 점은 같지만, 이익 소각을 하면 자본금은 줄어들지 않고 주식 수만 줄어듭니다. 자본금이 1억 원(발행주식 수 10,000주, 액면가 10,000원)인 법인이 5,000주를 소각하면, 자본금은 1억 원으로 변함이 없지만, 발행주식 수는 10,000주에서 5,000주로 줄어듭니다.

반면, 감자를 하게 되면 자본금이 5천만 원(발생주식 수 5,000주, 액면가 10,000원)으로 줄어듭니다.

묻고 법인이 현금으로 매입한 10억 원의 주식을 이익 소각을 하게 되면 회계 처리를 어떻게 하나요?

답하고 자사주로 취득할 때, 보유 중인 자사주를 소각할 때 아래와 같이 분개합니다.

✶ **취득할 때 회계 처리**

(차변) 자기주식　　　10억　　　(대변) 현금　　　10억

✶ **소각할 때 회계 처리**

(차변) 미처분 이익 잉여금　10억　　　(대변) 자기주식　　10억

묻고 10억 원의 주식을 유상감자하게 되면 회계 처리를 어떻게 하나요?

답하고 액면가(1억 원)보다 높은 시가(10억 원)로 유상감자하면 감자차손이 발생하여 아래와 같이 분개합니다.

(차변) 자본금　　　　1억　　　(대변) 현금　　　10억
감자차손　　　　　9억

묻고 이익 소각과 유상감자를 상세하게 비교해 주세요.

답하고 네. 비교한 것을 표로 정리하면 다음과 같습니다.

	이익 소각	유상감자
세법상 성격	의제배당	
소득분류	배당소득	
과세방법	금융소득 종합과세	
수입 시기	소각결의일	감자결의일
절차	자기주식 취득절차	채권자 보호 절차
발행주식 수	감소	감소
자본금	불변	감소
이익잉여금	감소	불변
자본총계	감소	감소
부채비율	증가	증가

3부

정관변경
(퇴직금 지급규정)

1강. 2배 규정의 문제점
2강. 3배 규정의 문제점
3강. 초회 상담 화법
4강. 경영인 정기보험의 활용

1강

| 2배 규정의 문제점

» 1. 2024년 퇴사 / 상승
» 2. 2024년 퇴사 / 하락
» 3. 10년 후 퇴사 / 상승
» 4. 10년 후 퇴사 / 하락
» 5. 한 장으로 정리

면밀한 검토를 위해서, 2024년 퇴사하는 경우와 10년 후인 2034년 퇴사하는 경우 임원이 받아 갈 수 있는 퇴직금, 퇴직소득, 근로소득을 구분하여 계산하겠습니다.

아울러 연봉이 상승하는 경우와 연봉이 하락하는 경우로 세분화하여 설명하겠습니다.

입사일	퇴사일	연봉	소득구분
2005.1.1	2024.12.31	상승 ①	퇴직금 퇴직소득 근로소득
		하락 ②	
	10년 후 2034.12.31	상승 ③	
		하락 ④	

[임원 퇴직금 규정]

제4조 (임원의 퇴직금 산정기준)
임원의 퇴직금 산정은 아래의 방법으로 한다.
① 퇴직 전 연봉의 10% × 근속연수 × **2배**

1. 2024년 퇴사(연봉이 상승한 경우) - 2배

첫 번째, 대표님의 연봉이 다음과 같이 상승하는 경우, 퇴직금, 퇴직소득, 근로소득이 얼마인지 설명하겠습니다.

연도별 연봉	연도	2017년	2018년	2019년
	연봉	1.4억	1.6억	1.8억
	연도	2022년	2023년	2024년
	연봉	2억	2.2억	2.4억

묻고 퇴직금은 얼마를 받을 수 있나요?

답하고 퇴직금으로 9.6억 원을 받을 수 있습니다. 정관규정에 따라 퇴직 전 연봉(2.4억 원)의 10분의 1에 20년(근속연수)과 2배를 곱하면 됩니다.

계산: 2.4억(퇴직 전 연봉) × 10% × 20년 × 2배 = **9.6억**

묻고 정관에 따라 계산한 금액 9.6억 원을 퇴직소득으로 처리할 수 있나요?

답하고 아닙니다. 퇴직금 중 9.4억 원은 퇴직소득이지만 한도를 초과하는 2,000만 원은 근로소득이 됩니다.

퇴직금 (정관규정 금액)	9.6억	
퇴직소득 한도 (소득세법상 한도)	9.4억	**근로소득금액 (0.2억)**

소득세법에 따른 퇴직소득 한도는 9.4억 원임에도 정관에 따라 받는 퇴직금은 9.6억 원입니다. 연봉이 상승함으로 인해, 퇴직소득 한도 초과 **2,000만 원이 근로소득에 해당됩니다.**

연도별 연봉을 고려한 퇴직소득을 계산하여 적절한 구간별 배수를 적용할 필요가 있습니다.

묻고 퇴직소득 금액을 어떻게 계산했나요?

답하고 편의상 A, B, C 구간으로 나누어 설명하겠습니다.

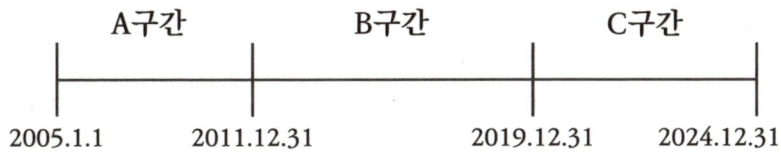

1) A 구간의 퇴직소득 금액을 계산합니다.

A 구간의 퇴직소득은 소득세법 시행령 제42조의 2에 따라 계산합니다. 전체 받는 퇴직금 9.6억 원 중에서 A 구간의 근무 기간에 해당하는 비율을 곱하여 계산합니다. 전체 20년 근무하는 동안 A 구간 근속연수(7년)는 전체의 35%에 해당합니다. 아래와 같이 계산하면 3.36억 원입니다.

계산: 960,000,000 × (7 ÷ 20) = **336,000,000원**

2) B 구간의 퇴직소득 금액을 계산합니다.

B 구간의 퇴직소득은 소득세법 제22조에 따라 2019년 12월 31일부터 소급하여 3년 동안 받은 금액의 연평균 환산액 1.6억 원의 10%에 근속연수(8년)와 3배수를 곱한 금액으로 3.84억 원입니다.

계산: 160,000,000 × 10% × 8년 × 3배수 = **384,000,000원**

3) C 구간의 퇴직소득 금액을 계산합니다.

C 구간의 퇴직소득은 소득세법 제22조에 따라 퇴직하기 전 소급하여 3년 동안 받은 금액의 연평균 환산액 2.2억 원의 10%에 근속연수(5년)와 2배수를 곱한 금액으로 2,2억 원입니다.

계산: 220,000,000 × 10% × 5년 × 2배수 = **220,000,000원**

4) A + B + C 구간을 더하여 퇴직소득 금액을 계산합니다.

계산: 336,000,000 + 384,000,000 + 220,000,000 = **9.4억 원**

2. 2024년 퇴사(연봉이 하락한 경우) - 2배

두 번째, 대표님의 연봉이 다음과 같이 하락하는 경우, 퇴직금, 퇴직소득, 근로소득이 얼마인지 설명하겠습니다.

연도별 연봉	연도	2017년	2018년	2019년
	연봉	2억	2.2억	2.4억
	연도	2022년	2023년	2024년
	연봉	1억	1.2억	1.4억

묻고 퇴직금은 얼마를 받을 수 있나요?

답하고 퇴직금으로 5.6억 원을 받을 수 있습니다. 정관규정에 따라 퇴직 전 연봉(1.4억 원)의 10분의 1에 20년(근속연수)과 2배를 곱하면 됩니다.

계산: 1.4억(퇴직 전 연봉) × 10% × 20년 × 2배 = **5.6억 원**

묻고 정관에 따라 계산한 금액 5.6억 원을 퇴직소득으로 처리할 수 있나요?

답하고 네. 퇴직금 5.6억 원 전부를 퇴직소득으로 처리할 수 있습니다.

퇴직금 (정관규정 금액)	5.6억	더 받을 수 있는 금액 (2.84억)
퇴직소득 한도 (소득세법상 한도)	8.44억	

소득세법상 퇴직소득 한도는 8.44억 원입니다. 연봉이 하락한 경우, 임원 퇴직금 지급규정이 "2배"로 되어 있어, **퇴직금으로 2.84억 원을 더 받지 못했습니다.** 근로소득세와 퇴직소득세의 세율 차이(20% 가정)를 가정하면 5,680만 원의 절세기회를 놓쳐버렸습니다.

연도별 연봉을 고려한 퇴직소득을 계산하여 적절한 구간별 배수를 적용할 필요가 있습니다.

묻고 퇴직소득 금액을 어떻게 계산했나요?

답하고 편의상 A, B, C 구간으로 나누어 설명하겠습니다.

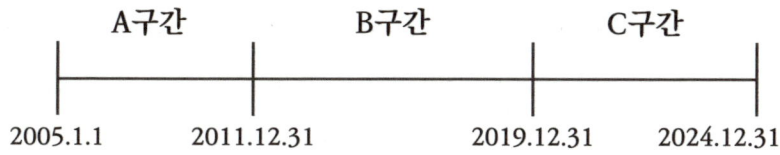

1) A 구간의 퇴직소득 금액을 계산합니다.

A 구간의 퇴직소득은 소득세법 시행령 제42조의 2에 따라 계산합니다. 전체 받는 퇴직금 5.6억 원 중에서 A 구간의 근무 기간에 해당하는 비율을 곱하여 계산합니다. 전체 20년 근무하는 동안 A 구간 근속연수(7년)는 전체의 35%에 해당합니다. 아래와 같이 계산하면 1.96억 원입니다.

계산: 560,000,000 × (7 ÷ 20) = **196,000,000원**

2) B 구간의 퇴직소득 금액을 계산합니다.

B 구간의 퇴직소득은 소득세법 제22조에 따라 2019년 12월 31일부터 소급하여 3년 동안 받은 금액의 연평균 환산액 2.2억 원의 10%에 근속연수(8년)와 3배수를 곱한 금액으로 5.28억 원입니다.

계산: 220,000,000 × 10% × 8년 × 3배수 = **528,000,000원**

3) C 구간의 퇴직소득 금액을 계산합니다.

C 구간의 퇴직소득은 소득세법 제22조에 따라 퇴직하기 전 소급하여 3년 동안 받은 금액의 연평균 환산액 1.2억 원의 10%에 근속연수(5년)와 2배수를 곱한 금액으로 1.2억 원입니다.

계산: 120,000,000 × 10% × 5년 × 2배수 = **120,000,000원**

4) A + B + C 구간을 더하여 퇴직소득 금액을 계산합니다.

계산: 196,000,000 + 528,000,000 + 120,000,000 = **8.44억 원**

3. 10년 후 퇴사(연봉이 상승하는 경우) - 2배

세 번째, 대표님의 연봉이 다음과 같이 상승하는 경우, 퇴직금, 퇴직소득, 근로소득이 얼마인지 설명하겠습니다.

연도별 연봉	연도	2017년	2018년	2019년
	연봉	1.4억	1.6억	1.8억
	연도	2032년	2033년	2034년
	연봉	3억	3.5억	4억

묻고 퇴직금은 얼마를 받을 수 있나요?

답하고 퇴직금으로 24억 원을 받을 수 있습니다. 정관규정에 따라 퇴직 전 연봉(4억 원)의 10분의 1에 30년(근속연수)과 2배를 곱하면 됩니다.

계산: 4억(퇴직 전 연봉) × 10% × 30년 × 2배 = **24억 원**

묻고 정관에 따라 계산한 금액 24억 원을 퇴직소득으로 처리할 수 있나요?

답하고 아닙니다. 퇴직금 24억 원을 전부 퇴직소득으로 처리할 수 없습니다. 퇴직소득 한도는 **19.94억 원**입니다.

퇴직금 (정관규정 금액)	24억	
퇴직소득 한도 (소득세법상 한도)	19.94억	**근로소득 (4.06억)**

 소득세법에 따른 퇴직소득 한도는 19.94억 원임에도 정관에 따라 받는 퇴직금은 24억 원입니다. 연봉이 상승함으로 인해, 퇴직소득 한도 초과 **4.06억 원이 근로소득에 해당됩니다.**

 연도별 연봉을 고려한 퇴직소득을 계산하여 적절한 구간별 배수를 적용할 필요가 있습니다.

묻고 퇴직소득 금액을 어떻게 계산했나요?

답하고 편의상 아래 그림과 같이 A, B, C 구간으로 나누어 설명해 드리겠습니다.

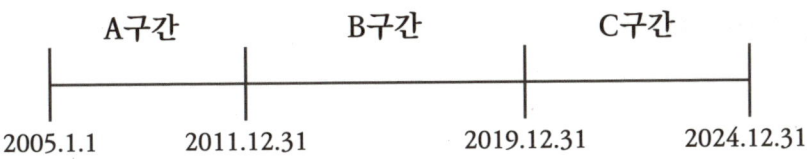

1) A 구간의 퇴직소득 금액을 계산합니다.

A 구간의 퇴직소득은 소득세법 시행령 제42조의 2에 따라 계산합니다. 전체 받는 퇴직금 24억 원 중에서 A 구간의 근무 기간에 해당하는 비율을 곱하여 계산합니다. 전체 30년 근무하는 동안 A 구간 근속연수(7년)는 전체의 23%에 해당합니다. 아래와 같이 계산하면 5.6억 원입니다.

계산: 2,400,000,000 × (7 ÷ 30) = **560,000,000원**

2) B 구간의 퇴직소득 금액을 계산합니다.

B 구간의 퇴직소득은 소득세법 제22조에 따라 2019년 12월 31일부터 소급하여 3년 동안 받은 금액의 연평균 환산액 1.6억 원의 10%에 근속연수(8년)와 3배수를 곱한 금액으로 3.84억 원입니다.

계산: 160,000,000 × 10% × 8년 × 3배수 = **384,000,000원**

3) C 구간의 퇴직소득 금액을 계산합니다.

C 구간의 퇴직소득은 소득세법 제22조에 따라 퇴직하기 전 소급하여 3년 동안 받은 금액의 연평균 환산액 3.5억 원의 10%에 근속연수(15년)와 2배수를 곱한 금액으로 10.5억 원입니다.

계산: 350,000,000 × 10% × 15년 × 2배수 = **1,050,000,000원**

4) A + B + C 구간을 더하여 퇴직소득 금액을 계산합니다.

계산: 560,000,000 + 384,000,000 + 1,050,000,000 = **19.94억 원**

4. 10년 후 퇴사(연봉이 하락하는 경우) - 2배

 네 번째, 대표님의 연봉이 다음과 같이 하락하는 경우, 퇴직금, 퇴직소득, 근로소득이 얼마인지 설명하겠습니다.

연도별 연봉	연도	2017년	2018년	2019년
	연봉	3억	3.5억	4억
	연도	2032년	2033년	2034년
	연봉	1억	1.2억	1.4억

묻고 퇴직금은 얼마를 받을 수 있나요?

답하고 퇴직금으로 8.4억 원을 받을 수 있습니다. 정관규정에 따라 퇴직 전 연봉(1.4억 원)의 10분의 1에 30년(근속연수)과 2배를 곱하면 됩니다.

계산: 1.4억(퇴직 전 연봉) × 10% × 30년 × 2배 = **8.4억 원**

묻고   정관에 따라 계산한 금액 8.4억 원을 퇴직소득으로 처리할 수 있나요?

답하고   네. 퇴직금 8.4억 원을 전부 퇴직소득으로 처리할 수 있습니다.

퇴직금 (정관규정 금액)	8.4억	더 받을 수 있는 금액 (5.56억)
퇴직소득 한도 (소득세법상 한도)	13.96억	

소득세법상 퇴직소득 한도는 13.96억 원입니다. 연봉이 하락한 경우, 임원 퇴직금 지급규정이 "2배"로 되어 있어, **퇴직금으로 5.56억 원을 더 받지 못했습니다.** 근로소득세와 퇴직소득세의 세율 차이(20% 가정)를 가정하면 1억 1,120만 원의 절세기회를 놓쳐 버렸습니다.

 연도별 연봉을 고려한 퇴직소득을 계산하여 적절한 구간별 배수를 적용할 필요가 있습니다.

묻고 퇴직소득 금액을 어떻게 계산했나요?

답하고 편의상 아래 그림과 같이 A, B, C 구간으로 나누어 설명해 드리겠습니다.

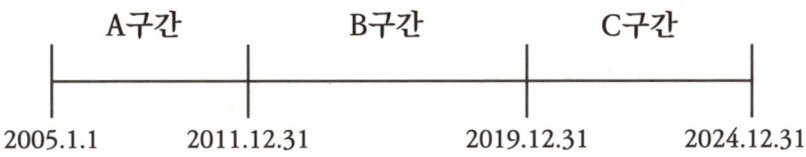

1) A 구간의 퇴직소득 금액을 계산합니다.

A 구간의 퇴직소득은 소득세법 시행령 제42조의 2에 따라 계산합니다. 전체 받는 퇴직금 8.4억 원 중에서 A 구간의 근무 기간에 해당하는 비율을 곱하여 계산합니다. 전체 30년 근무하는 동안 A 구간 근속연수(7년)는 전체의 23%에 해당합니다. 아래와 같이 계산하면 1.96억 원입니다.

계산: 840,000,000 × (7 ÷ 30) = **196,000,000원**

2) B 구간의 퇴직소득 금액을 계산합니다.

B 구간의 퇴직소득은 소득세법 제22조에 따라 2019년 12월 31일부터 소급하여 3년 동안 받은 금액의 연평균 환산액 3.5억 원의 10%에 근속연수(8년)와 3배수를 곱한 금액으로 8.4억 원입니다.

계산: 350,000,000 × 10% × 8년 × 3배수 = **840,000,000원**

3) C 구간의 퇴직소득 금액을 계산합니다.

C 구간의 퇴직소득은 소득세법 제22조에 따라 퇴직하기 전 소급하여 3년 동안 받은 금액의 연평균 환산액 1.2억 원의 10%에 근속연수(15년)와 2배수를 곱한 금액으로 3.6억 원입니다.

계산: 120,000,000 × 10% × 15년 × 2배수 = **360,000,000원**

4) A + B + C 구간을 더하여 퇴직소득 금액을 계산합니다.

계산: 196,000,000 + 840,000,000 + 360,000,000 = **13.96억 원**

5. 한 장으로 정리 - 2배

 다섯 번째, 2024년 퇴사하는 경우(연봉 상승, 하락)와 10년 후 2034년 퇴사하는 경우(연봉 상승, 하락)에 임원이 받을 수 있는 퇴직금, 소득세법에 따른 퇴직소득, 근로소득을 구분하여 설명하였습니다.

 근속연수와 연봉을 고려하지 않은 "2배" 규정은 지양해야 합니다.

✳ 2024년 퇴직하는 경우

연봉 상승	퇴직금 (정관규정 금액)	9.6억	
	퇴직소득 한도 (소득세법상 한도)	9.4억	**근로소득 (0.2억)**

연봉 하락	퇴직금 (정관규정 금액)	5.6억	**더 받을 수 있는 금액 (2.84억)**
	퇴직소득 한도 (소득세법상 한도)	8.44억	

✳ 10년 후 퇴직하는 경우 - 2배

연봉 상승	퇴직금 (정관규정 금액)	24억	
	퇴직소득 한도 (소득세법상 한도)	19.94억	**근로소득 (4.06억)**

연봉 하락	퇴직금 (정관규정 금액)	8.4억	**더 받을 수 있는 금액 (5.56억)**
	퇴직소득 한도 (소득세법상 한도)	13.96억	

2강
| 3배 규정의 문제점

» 1. 2024년 퇴사 / 상승
» 2. 2024년 퇴사 / 하락
» 3. 10년 후 퇴사 / 상승
» 4. 10년 후 퇴사 / 하락
» 5. 한 장으로 정리

면밀한 검토를 위해서, 2024년 퇴사하는 경우와 10년 후인 2034년 퇴사하는 경우 임원이 받아 갈 수 있는 퇴직금, 퇴직소득, 근로소득을 구분하여 계산하겠습니다.

 아울러 연봉이 상승하는 경우와 연봉이 하락하는 경우로 세분화하여 설명하겠습니다.

입사일	퇴사일	연봉	소득구분
2005.1.1	2024.12.31	상승 ①	퇴직금 퇴직소득 근로소득
		하락 ②	
	10년 후 2034.12.31	상승 ③	
		하락 ④	

[임원 퇴직금 규정]

제4조 (임원의 퇴직금 산정기준)
임원의 퇴직금 산정은 아래의 방법으로 한다.
① 퇴직 전 연봉의 10% × 근속연수 × **3배**

1. 2024년 퇴사(연봉이 상승한 경우) - 3배

 첫 번째, 대표님의 연봉이 다음과 같이 상승하는 경우, 퇴직금, 퇴직소득, 근로소득이 얼마인지 설명하겠습니다.

연도별 연봉	연도	2017년	2018년	2019년
	연봉	1.4억	1.6억	1.8억
	연도	2022년	2023년	2024년
	연봉	2억	2.2억	2.4억

묻고 퇴직금은 얼마를 받을 수 있나요?

답하고 퇴직금으로 14.4억 원을 받을 수 있습니다. 정관규정에 따라 퇴직 전 연봉(2.4억 원)의 10분의 1에 20년(근속연수)과 3배를 곱하면 됩니다.

계산: 2.4억(퇴직 전 연봉) × 10% × 20년 × 3배 = **14.4억**

묻고 정관에 따라 계산한 금액 14.4억 원을 퇴직소득으로 처리할 수 있나요?

답하고 아닙니다. 퇴직금 중 11.08억 원은 퇴직소득이지만 한도를 초과하는 3.32억 원은 근로소득이 됩니다.

퇴직금 (정관규정 금액)	14.4억	
퇴직소득 한도 (소득세법상 한도)	11.08억	**근로소득금액 (3.32억)**

소득세법에 따른 퇴직소득 한도는 11.08억 원임에도 정관에 따라 받는 퇴직금은 14.4억 원입니다. 연봉이 상승함으로 인해, 퇴직소득 한도 초과 **3.32억 원이 근로소득에 해당됩니다**.

연도별 연봉을 고려한 퇴직소득을 계산하여 적절한 구간별 배수를 적용할 필요가 있습니다.

묻고 퇴직소득 금액을 어떻게 계산했나요?

답하고 편의상 A, B, C 구간으로 나누어 설명하겠습니다.

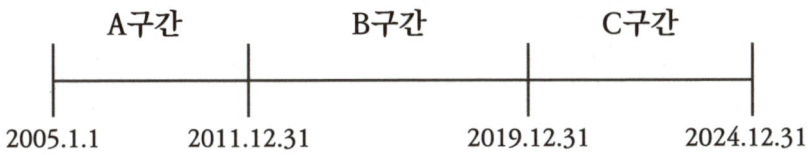

1) A 구간의 퇴직소득 금액을 계산합니다.

A 구간의 퇴직소득은 소득세법 시행령 제42조의 2에 따라 계산합니다. 전체 받는 퇴직금 14.4억 원 중에서 A 구간의 근무 기간에 해당하는 비율을 곱하여 계산합니다. 전체 20년 근무하는 동안 A 구간 근속연수(7년)는 전체의 35%에 해당합니다. 아래와 같이 계산하면 5.04억 원입니다.

계산: 1,440,000,000 × (7 ÷ 20) = **504,000,000원**

2) B 구간의 퇴직소득 금액을 계산합니다.

B 구간의 퇴직소득은 소득세법 제22조에 따라 2019년 12월 31일부터 소급하여 3년 동안 받은 금액의 연평균 환산액 1.6억 원의 10%에 근속연수(8년)와 3배수를 곱한 금액으로 3.84억 원입니다.

계산: 160,000,000 × 10% × 8년 × 3배수 = **384,000,000원**

3) C 구간의 퇴직소득 금액을 계산합니다.

C 구간의 퇴직소득은 소득세법 제22조에 따라 퇴직하기 전 소급하여 3년 동안 받은 금액의 연평균 환산액 2.2억 원의 10%에 근속연수(5년)와 2배수를 곱한 금액으로 2.2억 원입니다.

계산: 220,000,000 × 10% × 5년 × 2배수 = **220,000,000원**

4) A + B + C 구간을 더하여 퇴직소득 금액을 계산합니다.

계산: 504,000,000 + 384,000,000 + 220,000,000 = **11.08억 원**

2. 2024년 퇴사(연봉이 하락한 경우) - 3배

두 번째, 대표님의 연봉이 다음과 같이 하락하는 경우, 퇴직금, 퇴직소득, 근로소득이 얼마인지 설명하겠습니다.

연도별 연봉	연도	2017년	2018년	2019년
	연봉	2억	2.2억	2.4억
	연도	2022년	2023년	2024년
	연봉	1억	1.2억	1.4억

묻고 퇴직금은 얼마를 받을 수 있나요?

답하고 퇴직금으로 5.6억 원을 받을 수 있습니다. 정관규정에 따라 퇴직 전 연봉(1.4억 원)의 10분의 1에 20년(근속연수)과 3배를 곱하면 됩니다.

계산: 1.4억(퇴직 전 연봉) × 10% × 20년 × 3배 = **8.4억 원**

묻고 정관에 따라 계산한 금액 8.4억 원을 퇴직소득으로 처리할 수 있나요?

답하고 네. 퇴직금 8.4억 원 전부를 퇴직소득으로 처리할 수 있습니다.

퇴직금 (정관규정 금액)	8.4억	더 받을 수 있는 금액 (1.02억)
퇴직소득 한도 (소득세법상 한도)	9.42억	

소득세법상 퇴직소득 한도는 9.42억 원입니다. 연봉이 하락한 경우, 임원 퇴직금 지급규정이 "3배"로 되어 있어, 연봉이 하락함으로 인해, **퇴직금으로 1.02억 원을 더 받지 못했습니다.** 근로소득세와 퇴직소득세의 세율 차이(20% 가정)를 가정하면 2,004만 원의 절세기회를 놓쳐버렸습니다.

연도별 연봉을 고려한 퇴직소득을 계산하여 적절한 구간별 배수를 적용할 필요가 있습니다.

묻고 퇴직소득 금액을 어떻게 계산했나요?

답하고 편의상 A, B, C 구간으로 나누어 설명하겠습니다.

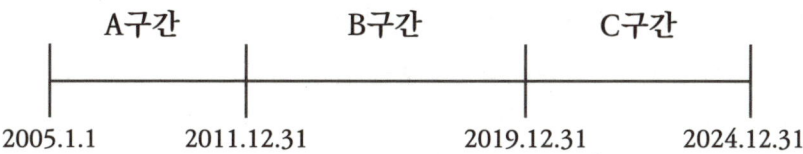

1) A 구간의 퇴직소득 금액을 계산합니다.

A 구간의 퇴직소득은 소득세법 시행령 제42조의 2에 따라 계산합니다. 전체 받는 퇴직금 8.4억 원 중에서 A 구간의 근무 기간에 해당하는 비율을 곱하여 계산합니다. 전체 20년 근무하는 동안 A 구간 근속연수(7년)는 전체의 35%에 해당합니다. 아래와 같이 계산하면 2.94억 원입니다.

계산: 840,000,000 × (7 ÷ 20) = **294,000,000원**

2) B 구간의 퇴직소득 금액을 계산합니다.

B 구간의 퇴직소득은 소득세법 제22조에 따라 2019년 12월 31일부터 소급하여 3년 동안 받은 금액의 연평균 환산액 2.2억 원의 10%에 근속연수(8년)와 3배수를 곱한 금액으로 5.28억 원입니다.

계산: 220,000,000 × 10% × 8년 × 3배수 = **528,000,000원**

3) C 구간의 퇴직소득 금액을 계산합니다.

C 구간의 퇴직소득은 소득세법 제22조에 따라 퇴직하기 전 소급하여 3년 동안 받은 금액의 연평균 환산액 1.2억 원의 10%에 근속연수(5년)와 2배수를 곱한 금액으로 1.2억 원입니다.

계산: 120,000,000 × 10% × 5년 × 2배수 = **120,000,000원**

4) A + B + C 구간을 더하여 퇴직소득 금액을 계산합니다.

계산: 294,000,000 + 528,000,000 + 120,000,000 = **9.42억 원**

3. 10년 후 퇴사(연봉이 상승하는 경우) - 3배

 세 번째, 대표님의 연봉이 다음과 같이 상승하는 경우, 퇴직금, 퇴직소득, 근로소득이 얼마인지 설명하겠습니다.

	연도	2017년	2018년	2019년
연도별 연봉	연봉	1.4억	1.6억	1.8억
	연도	2032년	2033년	2034년
	연봉	3억	3.5억	4억

묻고 퇴직금은 얼마를 받을 수 있나요?

답하고 퇴직금으로 36억 원을 받을 수 있습니다. 정관규정에 따라 퇴직 전 연봉(4억 원)의 10분의 1에 30년(근속연수)과 3배를 곱하면 됩니다.

계산: 4억(퇴직 전 연봉) × 10% × 30년 × 3배 = **36억 원**

묻고 정관에 따라 계산한 금액 36억 원을 퇴직소득으로 처리할 수 있나요?

답하고 아닙니다. 퇴직금 36억 원을 전부 퇴직소득으로 처리할 수 없습니다. 퇴직소득 한도는 22.74억 원입니다.

퇴직금 (정관규정 금액)	36억	
퇴직소득 한도 (소득세법상 한도)	22.74억	**근로소득 (13.26억)**

소득세법에 따른 퇴직소득 한도는 22.74억 원임에도 정관에 따라 받는 퇴직금은 36억 원입니다. 연봉이 상승함으로 인해, 퇴직소득 한도 초과 **13.26억 원이 근로소득에 해당합니다.**

연도별 연봉을 고려한 퇴직소득을 계산하여 적절한 구간별 배수를 적용할 필요가 있습니다.

묻고 퇴직소득 금액을 어떻게 계산했나요?

답하고 편의상 아래 그림과 같이 A, B, C 구간으로 나누어 설명해 드리겠습니다.

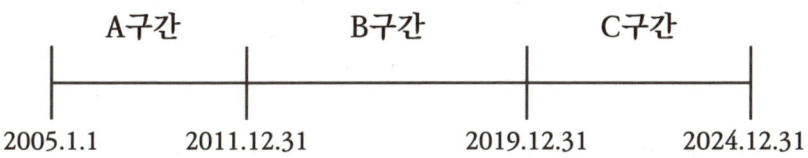

1) A 구간의 퇴직소득 금액을 계산합니다.

A 구간의 퇴직소득은 소득세법 시행령 제42조의 2에 따라 계산합니다. 전체 받는 퇴직금 36억 원 중에서 A 구간의 근무 기간에 해당하는 비율을 곱하여 계산합니다. 전체 30년 근무하는 동안 A 구간 근속연수(7년)는 전체의 23%에 해당합니다. 아래와 같이 계산하면 8.4억 원입니다.

계산: 3,600,000,000 × (7 ÷ 30) = **840,000,000원**

2) B 구간의 퇴직소득 금액을 계산합니다.

B 구간의 퇴직소득은 소득세법 제22조에 따라 2019년 12월 31일부터 소급하여 3년 동안 받은 금액의 연평균 환산액 1.6억 원의 10%에 근속연수(8년)와 3배수를 곱한 금액으로 3.84억 원입니다.

계산: 160,000,000 × 10% × 8년 × 3배수 = **384,000,000원**

3) C 구간의 퇴직소득 금액을 계산합니다.

C 구간의 퇴직소득은 소득세법 제22조에 따라 퇴직하기 전 소급하여 3년 동안 받은 금액의 연평균 환산액 3.5억 원의 10%에 근속연수(15년)와 2배수를 곱한 금액으로 10.5억 원입니다.

계산: 350,000,000 × 10% × 15년 × 2배수 = **1,050,000,000원**

4) A + B + C 구간을 더하여 퇴직소득 금액을 계산합니다.

계산: 840,000,000 + 384,000,000 + 1,050,000,000 = **22.74억 원**

4. 10년 후 퇴사(연봉이 하락하는 경우) - 3배

 네 번째, 대표님의 연봉이 다음과 같이 하락하는 경우, 퇴직금, 퇴직소득, 근로소득이 얼마인지 설명하겠습니다.

연도별 연봉	연도	2017년	2018년	2019년
	연봉	3억	3.5억	4억
	연도	2032년	2033년	2034년
	연봉	1억	1.2억	1.4억

묻고 퇴직금은 얼마를 받을 수 있나요?

답하고 퇴직금으로 12.6억 원을 받을 수 있습니다. 정관규정에 따라 퇴직 전 연봉(1.4억 원)의 10분의 1에 30년(근속연수)과 3배를 곱하면 됩니다.

계산: 1.4억(퇴직 전 연봉) × 10% × 30년 × 3배 = **12.6억 원**

묻고 정관에 따라 계산한 금액 12.6억 원을 퇴직소득으로 처리할 수 있나요?

답하고 네. 퇴직금 12.6억 원을 전부 퇴직소득으로 처리할 수 있습니다.

퇴직금 (정관규정 금액)	12.6억	**더 받을 수 있는 금액 (2.34억)**
퇴직소득 한도 (소득세법상 한도)	14.94억	

퇴직소득 한도는 14.94억 원입니다. 연봉이 하락한 경우, 임원 퇴직금 지급규정이 "3배"로 되어 있어, 연봉이 하락함으로 인해, **퇴직금으로 2.34억 원을 더 받지 못했습니다.** 근로소득세와 퇴직소득세의 세율 차이(20% 가정)를 가정하면 4,680만 원의 절세기회를 놓쳐버렸습니다.

연도별 연봉을 고려한 퇴직소득을 계산하여 적절한 구간별 배수를 적용할 필요가 있습니다.

묻고 퇴직소득 금액을 어떻게 계산했나요?

답하고 편의상 아래 그림과 같이 A, B, C 구간으로 나누어 설명해 드리겠습니다.

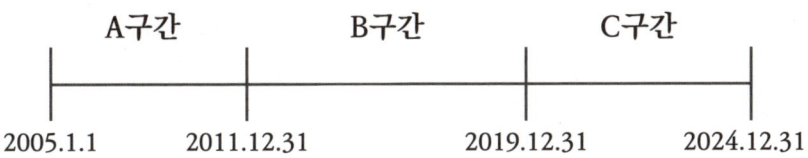

1) A 구간의 퇴직소득 금액을 계산합니다.

A 구간의 퇴직소득은 소득세법 시행령 제42조의 2에 따라 계산합니다. 전체 받는 퇴직금 12.6억 원 중에서 A 구간의 근무 기간에 해당하는 비율을 곱하여 계산합니다. 전체 30년 근무하는 동안 A 구간 근속연수(7년)는 전체의 23%에 해당합니다. 아래와 같이 계산하면 2.94억 원입니다.

계산: 1,260,000,000 × (7 ÷ 30) = **294,000,000원**

2) B 구간의 퇴직소득 금액을 계산합니다.

B 구간의 퇴직소득은 소득세법 제22조에 따라 2019년 12월 31일부터 소급하여 3년 동안 받은 금액의 연평균 환산액 3.5억 원의 10%에 근속연수(8년)와 3배수를 곱한 금액으로 8.4억 원입니다.

계산: 350,000,000 × 10% × 8년 × 3배수 = **840,000,000원**

3) C 구간의 퇴직소득 금액을 계산합니다.

C 구간의 퇴직소득은 소득세법 제22조에 따라 퇴직하기 전 소급하여 3년 동안 받은 금액의 연평균 환산액 1.2억 원의 10%에 근속연수(15년)와 2배수를 곱한 금액으로 3.6억 원입니다.

계산: 120,000,000 × 10% × 15년 × 2배수 = **360,000,000원**

4) A + B + C 구간을 더하여 퇴직소득 금액을 계산합니다.

계산: 294,000,000 + 840,000,000 + 360,000,000 = **14.94억 원**

5. 한 장으로 정리

다섯 번째, 2024년 퇴사하는 경우(연봉이 상승, 하락)와 10년 후 2034년 퇴사하는 경우(연봉이 상승, 하락)의 임원이 받을 수 있는 퇴직금, 소득세법에 따른 퇴직소득, 근로소득을 구분하여 설명하였습니다.

 근속연수와 연봉을 고려하지 않은 "3배" 규정은 지양해야 합니다.

✳ 2024년 퇴직하는 경우 – 3배

연봉 상승	퇴직금 (정관규정 금액)	14.4억	
	퇴직소득 한도 (소득세법상 한도)	11.08억	**근로소득 (3.32억)**

연봉하락	퇴직금 (정관규정 금액)	8.4억	**더 받을 수 있는 금액 (1.02억)**
	퇴직소득 한도 (소득세법상 한도)	9.42억	

✳ 10년 후 퇴직하는 경우 – 3배

연봉 상승	퇴직금 (정관규정 금액)	36억 원	
	퇴직소득 한도 (소득세법상 한도)	22.74억	**근로소득 (13.26억)**

연봉 하락	퇴직금 (정관규정 금액)	12.6억	**더 받을 수 있는 금액 (2.34억)**
	퇴직소득 한도 (소득세법상 한도)	14.94억	

3강

| 초회 상담 화법

» 1. 퇴직금 준비가 필요한 이유 설명하기
» 2. 소득세 절세효과 설명하기
» 3. 법인세 절세효과 설명하기
» 4. 과세관청의 임원 퇴직금에 대한 인식 설명하기
» 5. 법인세법 한도 설명하기
» 6. 소득세법 한도 설명하기
» 7. 퇴직소득세 계산구조 설명하기

1. **퇴직금 준비가 필요한 이유:** 퇴직금을 준비해야 부자 회사, 부자 대표님이 될 수 있습니다.

2. **소득세 절세효과:** 퇴직금은 급여·상여금·배당금과 비교하여 소득세를 최대 70% 절세할 수 있습니다.

3. **법인세 절세효과:** 퇴직금 5억 원을 지급하면 법인세 9,500만 원을 절세할 수 있습니다.

4. **과세관청의 임원 퇴직금에 대한 인식:** 이해 상충적인 관계에 있는 과세관청은 법인세법과 소득세법을 연이어 개정하며, 임원 퇴직금을 좋지 않게 보고 있습니다.

5. **법인세법 한도:** 정관에서 정한 규정에 따라 퇴직금을 받아 갈 수 있습니다.

6. **소득세법 한도:** A 구간은 한도 없음, B 구간은 3배, C 구간은 2배로 정하고 있습니다.

7. **퇴직소득세 계산구조:** 퇴직금에서 '근속연수공제'를 한 후, 12배수 연승을 하고 '환산급여공제'를 하여 과세표준을 구한 후 세율에 따라 세금을 구합니다. 이렇게 계산한 세금을 다시 12배수 연분을 하여 산출세액을 계산합니다.

1. 퇴직금 준비가 필요한 이유 설명하기

 대표님, 퇴직금 준비가 필요한 이유를 설명하겠습니다. 대표님은 회사의 최대주주이며 임원입니다. 법인 영업활동으로 발생한 이익을 주주로서 배당금을 받거나, 임원으로 급여 혹은 상여를 받을 수 있습니다.

 통상적으로 대표님들은 급여나 상여금으로 보상을 받습니다. 하지만 많은 세금(최대 45%)이 부담스러워 큰 금액을 받지도 못합니다. 회사에서 급여 등을 지급할 때 소득세와 국민연금, 건강보험료를 원천징수합니다. 원천징수하는 돈이 너무 많아, 쉽게 급여를 올리지도 못합니다. 대표님도 그렇지 않습니까?

묻고 맞습니다. 월급 1,000만 원 중 세금으로 250만 원을 선공제하고 나면 실제 받는 돈은 750만 원뿐입니다.

답하고 회사에서 근로자에게 급여를 지급할 때 근로소득 간이세액표에 따라 세금을 원천징수합니다. 아울러 건강보험료 4%와 국민연금 4.5%를 공제하고 나면 실수령액은 75%~80%뿐입니다. 세금이 너무 많습니다.

묻고 그래서 배당을 받아야 하는지 고민하고 있습니다.

답하고 네. 좋은 생각입니다. 급여를 무작정 올리기보다는 일정 금액을 배당받으면 소득세를 절세할 수 있습니다.

묻고 그렇군요. 그런데 일정 금액은 얼마인가요?

답하고 배당받는 금액 결정은 회사의 주주현황과 주주 간 지분율에 따라 달라집니다. 우리 회사는 대표님과 사모님 지분이 50%입니다. 이런 경우, 1년에 4천만 원을 배당하면 좋습니다. 대표님 2천만 원, 사모님 2천만 원으로 나누어 받으면 받은 배당금에 대하여 15.4%(지방소득세 포함)의 배당소득세만 내면 됩니다.

묻고 배당금을 더 받으면 어떤가요?

답하고 대표님이나 사모님이 받는 배당금액이 연 2천만 원을 초과하게 되면 급여 등 다른 소득과 합산하여 높은 누진세율(최대 45%)을 적용받아 효율적이지 못합니다.

묻고   급여를 받아도 세금이 많고, 2천만 원을 초과하는 배당금도 세금이 많다면 어떻게 해야 하나요?

답하고   지금 당장 필요한 돈은 세금을 많이 내더라도 급여 혹은 상여금으로 받아야 합니다. 하지만 노후 생활을 위한 은퇴자금 적립은 퇴직금으로 준비하는 것이 좋습니다.

묻고   그럼 은퇴할 때, 내가 필요한 만큼 퇴직금을 받으면 되겠네요.

답하고   아닙니다. 법인의 영업활동으로 생긴 이익은 법인 소유입니다. 대표님 개인소유가 아닙니다. 대표님이 가져가고 싶다고 법인의 돈을 법에서 정한 절차에 따르지 않고 가져갈 수 없습니다. 횡령 또는 배임과 같은 형사적 처벌을 받을 수 있습니다.

그러므로 세법에서 정하고 있는 절차의 정당성을 만족시키며, 사회통념을 고려한 임원 퇴직금 준비가 필요합니다.

묻고   그럼 어떻게 준비해야 하나요?

답하고   먼저, 우리 회사 임원 퇴직금 지급규정을 살펴봐야 합니다. 퇴직금과 관련해서 여러 차례 세법개정이 있었습니다. 개정된 소득세법과 법인세법을 고려한 퇴직금 지급 배수 조정을 통해 최적의 퇴직금 규모를 정하고 그에 맞춘 금액을 지금부터 적립해야 합니다.

"부자 회사, 가난한 사장님"이 아닌 "부자 회사, 부자 대표님"이 될 수 있도록 제가 같이하겠습니다.

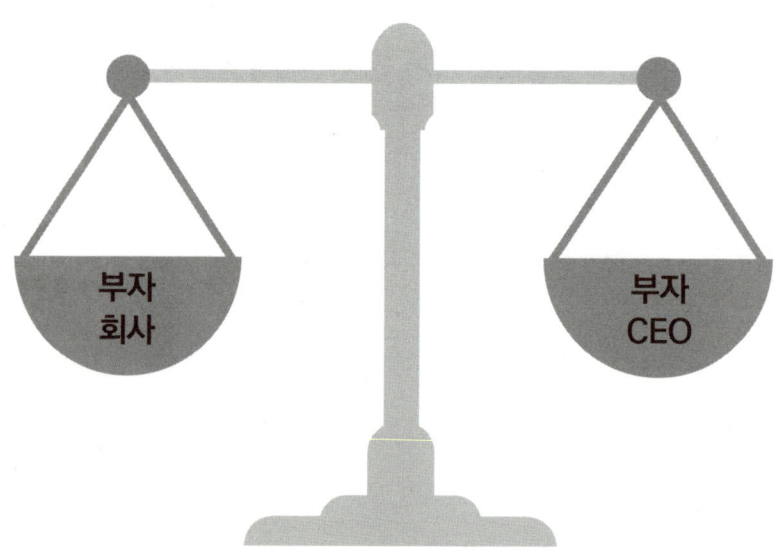

2. 소득세 절세효과 설명하기

 퇴직금의 소득세 절세효과를 설명하겠습니다. 퇴직하는 임원이 받는 퇴직금은 타 소득과 달리 소득세를 많이 줄일 수 있습니다.

묻고 어떻게 세금을 줄일 수 있나요?

답하고 세법에서 정하고 있는 퇴직금을 준비한다면 소득세를 절세할 수 있습니다. 퇴직소득은 다른 소득과 분류하여 세금을 계산합니다. 임원이 퇴직함으로 받는 퇴직소득은, 여섯 가지 다른 소득(이자, 배당, 사업, 근로, 연금, 기타)과 합산하지 않습니다. 모든 소득을 더하여 과세표준을 정하면 높은 누진과세(최대 45%)가 적용되어 많은 세금을 내야 합니다.

| 이자 소득
배당 소득
사업 소득
근로 소득
연금 소득
기타 소득 | 양도 소득 | 퇴직 소득 |

묻고 누진과세가 무엇입니까?

답하고 쉽게 설명하기 위해 전기료를 예로 들겠습니다. 한 가구에서 1,000Kwh 전기를 사용하는 경우와 열 가구에서 1,000Kwh 전기를 나누어 사용하는 것의 전기료는 다를 것입니다. 그 차이는 전기료가 누진세를 적용하기 때문입니다.

묻고 소득에 대한 세금도 전기료와 같이 뭉치면 높은 세율을 적용한다는 것이네요. 세율은 어떻게 됩니까?

답하고 맞습니다. 분산되면 낮은 세율을 적용합니다. 소득세는 8단계 구간별 과세를 적용합니다.

참조) 소득세율(2024년)

과세표준	세율
1,400만 원 이하	6%
1,400만 원 초과 ~ 5,000만 원 이하	15%
5,000만 원 초과 ~ 8,800만 원 이하	24%
8,800만 원 초과 ~ 1억 5,000만 원 이하	35%
1억 5,000만 원 초과 ~ 3억 원 이하	38%
3억 원 초과 ~ 5억 원 이하	40%
5억 원 초과 ~ 10억 원 이하	42%
10억 원 초과	45%

묻고 복잡하군요. 간단한 예를 들어서 설명해 주세요.

답하고 네. 아래 그림과 같이 급여 혹은 상여금으로 5억 원을 받는 경우와 퇴직금으로 5억 원을 받는 것을 비교하겠습니다.

묻고 비교 설명해 주세요.

답하고 급여·상여금으로 5억 원을 받는 A 경우와 퇴직금으로 5억 원을 받는 B 경우를 비교(단순계산)하면 다음과 같은 차이가 있습니다.

급여·상여금으로 5억 원을 받으면 2억 원의 세금을 내지만, 퇴직금으로 5억 원을 받으면 5,200만 원 혹은 8,800만 원의 세금을 내야 합니다. (단순계산)

구분		세금	실효세율
A (급여·상여금)		200,000,000원	**40%**
B (퇴직소득)	근무 기간: 10년	88,916,667원	17.8%
	근무 기간: 20년	52,292,000원	**10.5%**

묻고 퇴직금 5억 원을 받는데 세금이 5,200만 원과 8,800만 원으로 달라지는 이유가 무엇입니까?

답하고 그 이유는 퇴직소득세 계산구조 때문입니다. 퇴직금은 오랜 기간 근속함에 따른 보상적 소득입니다. 근속연수에 따라 차등하여 공제하고, 아울러 '환산급여공제'라는 항목을 추가적으로 차감하므로, 과세표준이 타 소득과 달리 적어집니다.

이런 계산구조에 따라, 20년 근무하고 받는 퇴직금 5억 원의 소득세는 5,200만 원입니다. 10년 근무하고 받는 것과 비교하면 훨씬 세금이 적습니다.

묻고 그런데 실효세율은 무슨 뜻인가요?

답하고 퇴직금 5억 원을 받는 데 내는 세금 비율이 얼마인가를 계산한 세율입니다. 20년 근무하고 받는 퇴직금 5억 원에 대한 세금 비율은 10.5%, 10년 근무하고 받는 퇴직금에 대한 세금 비율은 17.8%입니다.

급여·상여금과 비교하면 실효세율 차이가 4배나 됩니다. 퇴직금으로 받는 것이 절세를 위한 최고의 선택입니다.

소득금액(과세표준) 1억 원에 대한 세금

묻고 1억 원에 대한 세율이 35%라면, 세금은 3,500만 원입니까?

답하고 아닙니다. 세금은 **1,956만 원입니다.** 자세히 살펴보면, 구간에 따라 다른 세율을 적용합니다. 각 구간에 따라 계산하면 ①번 구간인 1,400만 원은 6%, ②번 구간인 3,600만 원은 15%, ③번 구간인 3,800만 원은 24%, ④번 구간인 1,200만 원은 35% 입니다.

묻고 계산 과정을 자세히 알려주세요.

답하고 다음과 같이 계산합니다.

① (1,400만 원) × 6% = 840,000원

② (5,000만 원 - 1,400만 원) × 15% = 5,400,000원

③ (8,800만 원 - 5,000만 원) × 24% = 9,120,000원

④ (1억 원 - 8,800만 원) × 35% = 4,200,000원

계산: ① + ② + ③ + ④ = 19,560,000원

그림으로 표현하면 다음과 같습니다. 1억 원의 소득을 아래의 물잔에 붓는다고 보면 아래부터 차곡차곡 쌓일 것입니다.

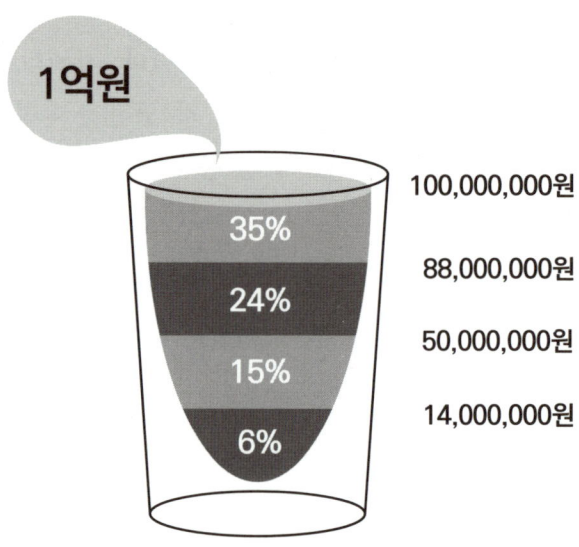

묻고   소득금액(과세표준) 1억 원 계산도 이렇게 복잡한데 만약 소득이 10억 원을 넘어선다면 세금 계산이 너무 어렵겠네요.

답하고   아닙니다. 이런 복잡함을 없애기 위해서 누진공제를 활용합니다. 1억 원에 35%를 곱하고 누진 공제액 1,544만 원을 빼고 계산하면 됩니다.

계산: (1억 원 × 35%) - 15,440,000원 = 19,560,000원

3. 법인세 절세효과 설명하기

퇴직금의 법인세 절세효과를 설명하겠습니다. 퇴직하는 임원에게 퇴직금을 주는 회사는 그 금액을 법인세법에 따라 손금(비용)으로 인정받아 법인세를 줄일 수 있습니다. 법인세는 익금에서 손금을 차감한 각 사업연도 소득금액에 해당하는 법인세율을 적용하여 계산합니다.

묻고 법인세율은 얼마입니까?

답하고 2023년 소득분부터 법인세율이 1%씩 낮아졌습니다. 기존의 10%, 20%가 과세표준이 2억 원 이하는 9%를 적용하고 2억 원 초과는 19%를 적용합니다.

참조) 법인세율

과세표준	세율
2억 원 이하	9%
2억 원 초과 ~ 200억 원 이하	19%
200억 원 초과 ~ 3,000억 원 이하	21%
3,000억 원 초과	24%

묻고 퇴직금으로 5억 원을 받으면 법인세가 얼마나 절세되나요?

답하고 우리 회사 재무제표를 확인해 보니 작년 기준 매출 50억 원, 비용 40억 원으로 법인 소득금액이 10억 원입니다. 이 기준으로 설명해 드리겠습니다.

묻고 그게 좋겠네요. 올해도 작년과 비슷하니 작년 손익기준으로 설명해 주세요.

답하고 아래 그림은 퇴직금의 법인세 절세효과입니다. A(작년)의 경우 법인세는 1.7억 원이지만 퇴직금 5억 원을 지급한 B(올해)의 경우 법인세는 0.75억 원입니다.

올해 퇴직금으로 5억 원 지급하면 법인은 **9,500만 원**의 법인세를 절세할 수 있습니다.

	A(작년)	B(올해)
익금	50억 원	50억 원
손금	40억 원	40억 원
퇴직금		5억 원
각 사업연도 소득금액	10억 원	5억 원
법인세	1.7억 원	**0.75억 원**

기업회계와 세무회계의 차이

기업회계는 회사의 재무제표를 만드는 회계이고 세무회계는 세금을 부과하기 위한 회계입니다.

기업회계란 법인의 수익 항목과 비용 항목을 기업회계기준에 따라 손익계산서를 만들고, 이를 토대로 재무상태표를 작성하는 것입니다. 회사의 이해관계자에게 회사의 경영상황을 보여주기 위한 목적에서 작성합니다.

반면, 세무회계는 기업회계와 작성 목적이 다릅니다. 과세관청에서 세금을 부과하기 위해 만들어집니다. 국가는 1년 동안 발생한 법인 이익을 기준으로 세금을 부과합니다. 법인 이익 평가 방법은 법인세법에 규정하고 있습니다. 법인세는 소득세와 달리 법인이 1년 동안 벌어들인 소득이 아닌, 늘어난 금액(순자산이 증가한 부분)에 대해 세금을 냅니다.

순자산이 증가한 부분의 계산은 복잡한 과정과 절차가 필요합니다. 그래서 기업회계를 기초로 세무조정을 통해 법인의 소득금액을 계산합니다.

세무조정이란 기업회계에서 비용으로 인정받은 항목이라도 세무회계에서 인정하지 못하는 부분은 손금불산입하고 기업회계에서 비용으로 인정받지 못한 항목이라도 세무회계에서 인정하는 부분은 손금으로 처리하는 과정을 말합니다.

법적 범위를 넘어서는 퇴직금을 기업회계에서는 비용으로 인정하더라도 세무조정 과정을 거친 세무회계에서는 손금(비용)이 되지 못해 법인세를 내야 하는 경우가 발생할 수 있으므로, 세무회계의 법적 기준을 반드시 확인해야 합니다.

[참고]

세무회계는 기업회계에서 수익으로 인식하지 못한 항목이라도 순자산을 증가시킨 항목을 **익금산입**하고, 기업회계에서 비용으로 인정받은 항목이라도 세무회계에서 인정하지 못하는 항목은 **손금불산입합니다**. 또한, 기업회계에서 비용으로 인정받지 못한 항목이라도 세무회계에서 순자산을 감소하게 한 항목은 **손금산입**하고, 기업회계에서 수익으로 인식한 항목이라도 세무회계에서 수익으로 인정하지 못하는 항목은 **익금불산입합니다.**

4. 과세관청의 임원 퇴직금에 대한 인식 설명하기

"과세관청이 바라보는 임원의 퇴직금"을 설명하겠습니다. 법인은 상법에 따라 임원에게 지급하는 보수를 정관에 정한 금액에 따라 지급할 수 있습니다.

묻고 그런데, 왜 과세관청은 퇴직금을 따가운 시선으로 보고 있나요?

답하고 임원 퇴직금은 다른 소득과 달리 아주 적은 세금으로 법인의 이익을 개인이 가져올 수 있습니다. 임원이 받는 급여·상여금, 주주가 받는 배당금은 모두 합하여 종합소득으로 계산합니다. 그에 따라 많은 세금(거의 50% 이상)을 내야 하지만, 퇴직소득은 적은 세금을 내면 됩니다.

특히, 임원에게 지급하는 퇴직금은 회사를 지배하는 주주가 주주총회에서 그 액을 정하면 됩니다. 임원과 주주는 특수관계인으로 자신의 이익을 위하여 본인에게 유리한 절세의 방법을 선택할 수 있습니다. 정관규정을 변경하여 더 많은 퇴직금을 가져갈 수 있기 때문에 이해 상충적인 과세관청은 이러한 행위의 과정과 결과를 좋지 않게 봅니다.

묻고 그렇다고 정관규정에 따라 퇴직금을 지급하는 것이 문제가 되나요?

답하고 정관에 따라 지급하는 퇴직금은 아무 문제가 없습니다. 상법의 대전제는 부정할 수 없으므로, 차선책으로 세법을 개정했습니다.

먼저 법인세법에 한도 규정을 두었습니다. 법인세법 시행령 제44조에 손금(비용)으로 처리할 수 있는 퇴직금을 정하고, 이 금액을 초과하는 퇴직금은 법인의 손금(비용)으로 인정해 주지 않도록 개정했습니다. 아울러 임원 퇴직금 중간정산 사유를 축소하여 마음대로 퇴직금을 받아 갈 수 없도록 법인세법을 계속하여 개정하고 있습니다.

묻고 이러한 법 개정이 임원 퇴직금을 제한하는 강력한 통제가 되었나요?

답하고 네, 법인세법의 개정으로 법인과 특수관계자인 임원의 퇴직금은 그 액을 마음대로 정할 수 없고, 퇴직금을 받을 수 있는 사유도 강력하게 통제하였습니다. 하지만, 이러한 통제에도 불구하고 법인 임원의 퇴직금은 절세의 목적으로 계속하여 사용되고 있습니다.

임원 퇴직금 중간 정산 금지

법인은 현실적인 퇴직을 요건으로 임원이 퇴직할 때 지급하는 퇴직금을 손금(비용)으로 처리할 수 있습니다. 그런데, 2015년 2월 법인세법 시행령 제44조 2항 개정을 하여 임원의 현실적인 퇴직 사유 5가지 중 하나를 삭제했습니다.

삭제된 내용은 다음과 같습니다. "법인 임원의 급여를 호봉제에서 연봉제로 전환함에 따라 그때까지의 퇴직급여를 정산하여 지급한 때"입니다.

근로자와 달리 임원은 언제든지 퇴직금 중간정산이 가능했습니다. 법적 요건을 맞춰 급여 형태를 바꾸면 원하는 시점에 많은 금액을 퇴직금으로 가져갈 수 있었습니다.

『법인세법 시행령 제44조(퇴직급여의 손금불산입)』
① 법인이 임원 또는 사용인에게 지급하는 퇴직급여는 임원이 현실적으로 퇴직하는 경우에 지급하는 것에 한정하여 이를 손금에 산입한다.
② 현실적인 퇴직은 법인이 퇴직급여를 실제로 지급한 경우로서 다음 각호의 어느 하나에 해당하는 경우를 포함하는 것으로 한다.
 1. 법인의 사용인이 당해 법인의 임원으로 취임한 때
 2. 법인의 임원 또는 사용인이 그 법인의 조직변경·합병·분할 또는

사업양도에 따라 퇴직한 때

3. 「근로자퇴직급여 보장법」 제8조 제2항에 따라 퇴직급여를 중간정산하여 지급한 때

4. 법인의 임원에 대한 급여를 연봉제로 전환함에 따라 향후 퇴직급여를 지급하지 아니하는 조건으로 그때까지의 퇴직급여를 정산하여 지급한 때 <삭제 2015.2.3.>

5. 정관 또는 정관에서 위임된 퇴직급여 지급규정에 따라 장기요양 등 기획재정부령으로 정하는 사유로 그때까지의 퇴직급여를 중간정산하여 임원에게 지급한 때

『법인세법 시행규칙 제22조(현실적인 퇴직의 범위 등)』

③ 영 제44조 제2항 제5호에서 "정관 또는 정관에서 위임된 퇴직급여 지급규정에 따라 장기요양 등 기획재정부령으로 정하는 사유"란 다음 각호의 어느 하나에 해당하는 경우를 말한다.

1. 중간정산일 현재 1년 이상 주택을 소유하지 아니한 세대의 세대주인 임원이 주택을 구입하려는 경우(중간정산일로부터 3개월 내에 해당 주택을 취득하는 경우만 해당한다.)

2. 임원(임원의 배우자 및 소득세법 제50조 제1항 제3호에 따른 생계를 같이하는 부양가족을 포함한다)이 3개월 이상의 질병 치료 또는 요양을 필요로 하는 경우

3. 천재·지변, 그 밖에 이에 준하는 재해를 입은 경우

5. 법인세법 한도 설명하기

 법인세법에서 인정하는 임원 퇴직금 한도를 설명하겠습니다. 법인에서 임원에게 지급하는 퇴직금 전액이 손금(비용)이 되지 않습니다. 손금으로 처리할 수 있는 한도를 법인세법 시행령에 정하고 있습니다.

묻고 어떻게 정하고 있습니까?

답하고 법인세법 시행령 제44조에 한도를 정하고 있습니다. "퇴직급여의 손금불산입"으로 한도를 명문화하여 해당 규정을 초과하는 금액은 손금(비용)으로 처리할 수 없다고 규정합니다. 4항 1호, 2호에 그 내용이 적혀있습니다.

1호에 법인이 임원에게 퇴직금을 지급할 때, 정관에 규정이 있는 경우에는 그 금액을 전액 비용(손금)으로 할 수 있다고 정하고 있습니다.

2호에는 정관에 규정이 없다면, 임원의 최근 연봉의 10%에 해당하는 금액에 근속연수를 곱한 금액을 비용(손금)으로 한다고 정하고 있습니다.

『법인세법 시행령 제44조(퇴직급여의 손금불산입)』

④ 법인이 임원에게 지급한 퇴직급여 중 다음 각호의 어느 하나에 해당하는 금액을 초과하는 금액은 손금에 산입하지 아니한다.

 1. 정관에 퇴직급여로 지급할 금액이 정하여진 경우에는 정관에 정하여진 금액

 2. 제1호 외의 경우에는 그 임원이 퇴직하는 날부터 소급하여 1년 동안 해당 임원에게 지급한 총 급여액의 10분의 1에 상당하는 금액에 근속연수를 곱한 금액

⑤ 제4항 제1호는 정관에 임원의 퇴직급여를 계산할 수 있는 기준이 기재된 경우를 포함하며, 정관에서 위임된 퇴직급여 지급규정이 따로 있는 경우에는 해당 규정에 따른 금액에 의한다.

묻고 그럼 우리 회사 정관 또는 퇴직급여 지급규정에 어떻게 정하고 있는지 확인해야겠네요.

답하고 맞습니다. 우리 회사 정관이나 퇴직금 지급규정이 어떻게 되어 있는지 살펴봐야 합니다. 혹시 우리 회사는 몇 배로 되어 있습니까?

묻고 3배로 되어 있습니다.

답하고 잘하셨습니다. 만약 지급규정이 없었다면 최근 1년 연봉에 근속연수를 곱한 금액을 받아 갈 수 있었습니다. 하지만, 우리 회사 임원 퇴직금 지급규정이 '연봉 연평균 환산액 3배에 근속연수를 곱한 금액'으로 되어 있어 더 많은 퇴직금을 손금(비용)으로 처리할 수 있습니다.

묻고 5배로 가져가도 됩니까?

답하고 정관에 5배로 정하고 있다면 가능합니다. 퇴직하는 임원에게 지급하는 퇴직금에 대한 한도는 법 어디에도 없습니다. 사적자치의 원칙에 따라 얼마의 퇴직금을 주어도 상관없습니다.

하지만 임원 퇴직금 한도에 대해 민감한 이유는 법인세법에 따라 손금(비용)으로 처리 가능한지와 소득세법에 따라 퇴직소득으로 인정받느냐의 문제일 뿐입니다.

법인세법에서는 정관에 정한 규정에 따라 지급하면 아무 문제가 없습니다. 다만, 법인세법 제26조와 제52조를 벗어나는 금액은 손금(비용)이 되지 않습니다.

『법인세법 제26조(과다경비 등의 손금불산입)』

다음 각호의 손비 중 대통령령으로 정하는 바에 따라 과다하거나 부당하다고 인정하는 금액은 내국법인의 각 사업연도의 소득금액을 계산할 때 손금에 산입하지 아니한다.

1. 인건비
2. 복리후생비
3. 여비 및 교육·훈련비
4. 법인이 그 법인 외의 자와 동일한 조직 또는 공동으로 운영하거나 경영함에 따라 발생하거나 지출된 손비
5. 제1호부터 제4호까지에 규정된 것 외에, 법인의 업무와 직접 관련이 적다고 인정되는 경비로서 대통령령으로 정하는 것

[전문개정 2010.12.30.]

『법인세법 제52조(부당행위계산의 부인)』

① 납세지 관할 세무서장 또는 관할 지방 국세청장은 내국법인의 행위 또는 소득금액의 계산이 특수관계인과의 거래로 인하여 그 법인의 소득에 대한 조세의 부담을 부당하게 감소시킨 것으로 인정되는 경우에는 그 법인의 행위 또는 소득금액의 계산(부당행위 계산)과 관계없이 그 법인의 각 사업연도의 소득금액을 계산한다.

<개정 2011.12.31., 2018.12.24.>

6. 소득세법 한도 설명하기

　임원 퇴직소득에 대한 소득세법 한도입니다. 퇴직하는 임원이 받는 퇴직금 전부가 퇴직소득이 되지 않기도 합니다. 소득세법은 여러 차례 개정으로 퇴직소득 한도를 줄여가고 있습니다.

묻고　어떤 개정이 있었나요?

답하고　두 번의 개정이 있었습니다. 2011년에 소득세법 제22조를 1차 개정을 하고, 2019년에 추가로 개정했습니다.

1차 개정(2011년)에서는 임원이 근무한 기간을 2011년 12월 31일 이전과 이후로 나누었습니다. 이전 기간은 한도를 언급하지 않았지만 이후 기간은 "3배"를 초과하는 금액은 근로소득으로 본다는 내용입니다.

2차 개정(2019년)에서는 임원이 근무한 기간을 2019년 12월 31일 이전과 이후로 더 세분화하였습니다. 이전 기간은 1차 개정에서 언급한 3배를 적용하지만 이후 기간은 "2배"를 초과하는 금액은 근로소득으로 본다는 내용입니다.

묻고 우선 2011년 개정 내용을 설명해 주세요.

답하고 알겠습니다. 임원이 퇴직할 때 받는 퇴직금을 A 구간과 B 구간으로 나누어서 퇴직소득으로 인정하는 한도를 정한다는 내용입니다.

A 구간에 해당하는 퇴직금은 전액 퇴직소득으로 인정하지만, B 구간의 퇴직소득은 퇴직하기 전 소급하여 3년 동안 받은 금액의 연평균 환산액의 10%의 3배수만을 퇴직소득으로 인정한다는 내용입니다.

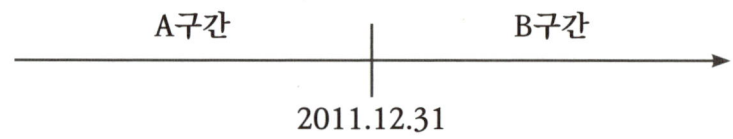

『소득세법 제22조(퇴직소득)』
③ 퇴직소득 금액은 다음의 소득금액으로 한다. 다만, 대통령령으로 정하는 임원의 퇴직소득 금액(2011년 12월 31일에 퇴직하였다고 가정할 때 받을 대통령령으로 정하는 퇴직소득 금액이 있는 경우에는 그 금액을 뺀 금액을 말한다)이 다음 계산식에 따라 계산한 금액을 초과하는 경우 그 초과하는 금액은 근로소득으로 본다.

퇴직한 날부터 소급하여 3년(근무 기간이 3년 미만인 경우, 해당 근무 기간으로 한다) 동안 받은 금액의 연평균 환산액 × 1/10 × 2012년 1월 1일 이후의 근무 기간 × 3

<개정 2011.12.31.>

묻고 "2011년 12월 31일에 퇴직하였다고 가정할 때 받을 대통령령으로 정하는 퇴직소득"이 무슨 의미인가요?

답하고 2011년 소득세법 제22조 개정 당시에는 소득세법 시행령에 구체적인 금액을 정하지 않았습니다. 통상적으로 2011년 받게 될 퇴직금이라고 칭했습니다. 즉 회사 규정에 따라 배수와 금액에 상관없이 지급해도 된다는 의미였습니다.

그러나 시간이 흐름에 따라 2011년 12월 31일 퇴직하였을 때 받을 퇴직소득의 의미가 구체적일 필요가 있다고 판단하여 2015년 2월 3일 소득세법 시행령 제42조의 2를 개정하여 퇴직소득의 범위를 명료화했습니다.

『소득세법 시행령 제42조의 2(퇴직소득의 범위)』

⑥ 법 제22조 제3항 계산식 외의 부분 단서에서 "2011년 12월 31일에 퇴직하였다고 가정할 때 받을 대통령령으로 정하는 퇴직 소득 금액"이란 퇴직소득 금액에 2011년 12월 이전 근무 기간을 전체 근무 기간으로 나눈 비율을 곱한 금액(2011년 12월 31일에 정관 또는 정관의 위임에 따른 임원 퇴직급여 지급규정이 있는 법인의 임원이 2011년 12월 31일에 퇴직한다고 가정할 때 해당 규정에 따른 퇴직소득 금액을 적용하기로 선택한 경우에는 해당 퇴직소득 금액)을 말한다.

<신설 2015.2.3.>

묻고 대통령령을 자세히 알려주세요.

답하고 소득세법 시행령 제42조의 2, 6항에 해당 내용을 구체적으로 명기하고 있습니다.

2011년 12월 31일에 퇴직하였다고 가정할 때 받는 퇴직 소득금액은, 퇴직 시 받은 퇴직금을 총근속했던 기간으로 나눈 1년 퇴직금을 2012년 이전 근무 기간을 곱하면 됩니다. 예를 들어 20년을 근무하고 퇴직금으로 10억 원을 받은 임원이 2012년 이전 근무 기간이 5년이라면 2011년 12월 31일 퇴직하였다고 가정할 때 퇴직 소득금액은 2.5억 원이 됩니다.

다만, 2011년 12월 31일 퇴직할 때 적용할 수 있는 규정이 있다면 규정에 따른 금액이 퇴직 소득금액이 됩니다.

묻고 최근 2019년 개정 내용을 설명해 주세요.

답하고 알겠습니다. 개정된 내용은 A 구간은 전부, B 구간은 3배, C 구간은 2배를 퇴직소득으로 인정한다는 내용입니다.

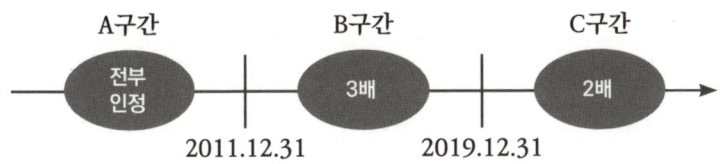

A 구간에 해당하는 퇴직금은 전액 퇴직소득으로 인정하지만, B 구간은 2019년 12월 31일부터 소급하여 3년 동안 받은 연봉의 평균액에 B 구간의 근무연수와 3배를 곱하고, C 구간은 퇴직한 날부터 소급하여 3년 동안 받은 연봉의 평균액에 C 구간의 근무연수와 2배를 곱한 금액만 퇴직소득으로 인정한다는 내용입니다.

묻고 그럼 이제부터는 2배 이상은 못 받게 되는 건가요?

답하고 아닙니다. 소득세법에서 정하고 있는 것은 퇴직금을 받아갈 수 있는 한도를 정한 것이 아니라, 퇴직소득으로 인정하는 한도를 정한 것입니다. 더 많은 금액을 퇴직금으로 가져갈 수 있지만, 소득세 절세를 위한 퇴직소득은 3배, 2배로 제한을 둔다는 것입니다.

『소득세법 제22조(퇴직소득)』

① 퇴직소득은 해당 과세기간에 발생한 다음 각호의 소득으로 한다.

1. 공적연금 관련법에 따라 받는 일시금
2. 사용자 부담금을 기초로 하여 현실적인 퇴직을 원인으로 지급받는 소득
3. 그 밖에 제1호 및 제2호와 유사한 소득으로서 대통령령으로 정하는 소득

② (중략)

③ 퇴직소득 금액은 다음의 소득금액으로 한다. 다만, 대통령령으로 정하는 임원의 퇴직소득 금액(2011년 12월 31일에 퇴직하였다고 가정할 때 받을 대통령령으로 정하는 퇴직소득 금액이 있는 경우에는 그 금액을 뺀 금액을 말한다)이 다음 계산식에 따라 계산한 금액을 초과하는 경우 그 초과하는 금액은 근로소득으로 본다.

> 2019년 12월 31일부터 소급하여 3년(2012년 1월 1일부터 2019년 12월 31일까지의 근무 기간이 3년 미만인 경우, 해당 근무 기간으로 한다) 동안 받은 총급여의 연평균 환산액 × 1/10 × 2012년 1월 1일 이후부터 2019년 12월 31일까지의 근무 기간 × 3
>
> + 퇴직한 날부터 소급하여 3년(2020년 1월 1일부터 퇴직한 날까지의 근무 기간이 3년 미만인 경우, 해당 근무 기간으로 한다) 동안 받은 총급여의 연평균 환산액 × 1/10 × 2020년 1월 1일 이후 근무 기간 × 2
>
> <개정 2019.12.31.>

7. 퇴직소득세 계산구조 설명하기

"퇴직소득세 계산구조"를 설명하겠습니다. 과세관청은 임원 퇴직금 한도를 축소하는 소득세법 제22조 개정에도 임원 퇴직금이 과도하다는 사회적 논란에 대해 퇴직소득세를 높이기 위해 소득세법을 3차례 개정했습니다.

묻고 어떻게 개정이 되었나요?

답하고 구간에 따라 계산 방법이 달라졌습니다. A 구간과 B 구간은 퇴직금에서 퇴직소득공제를 할 때, 근속연수공제와 정률공제(40%)를 합니다. 공제 내용은 소득세법 제48조에 규정하고 있습니다.

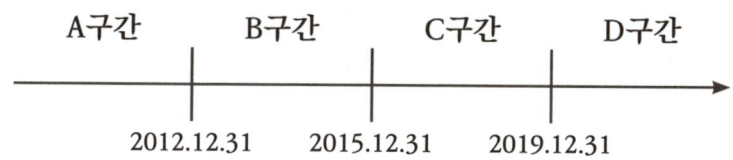

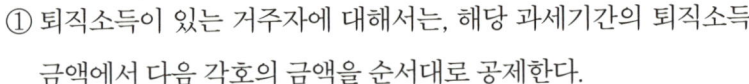

> 『소득세법 제48조(퇴직소득 공제)』
> ① 퇴직소득이 있는 거주자에 대해서는, 해당 과세기간의 퇴직소득 금액에서 다음 각호의 금액을 순서대로 공제한다.
> 1. 퇴직소득 금액의 100분의 40에 해당하는 금액
> 2. 근속연수에 따라 정한 다음의 금액

묻고 그럼 C 구간과 D 구간은 정률공제를 하지 않나요?

답하고 네, 정률공제는 하지 않습니다. 그러나 근속연수공제는 합니다. 먼저 근속연수공제를 한 금액에 12를 곱한 후(12배수 연승), 근속연수로 나눈 후, 환산급여공제를 합니다.

참조) 근속연수공제 (2023년 기준)

근속연수	근속연수공제
5년 이하	근속연수 × 100만 원
10년 이하	500만 원 + (근속연수 - 5) × 200만 원
20년 이하	1,500만 원 + (근속연수 - 10) × 250만 원
20년 초과	4,000만 원 + (근속연수 - 20) × 300만 원

묻고 아주 복잡하네요. 쉽게 설명해 주세요.

답하고 20년을 근무하고 퇴직금으로 10억 원을 받는 경우를 각 구간으로 나누어 설명해 드리겠습니다. 근속연수공제와 소득세율은 2023년을 기준으로 단순 계산합니다.

1) 2012년 퇴직하는 경우

1단계로 퇴직금 10억 원에서 20년 근무한 기간에 대한 근속연수공제 4,000만 원을 합니다.

계산: 1,500만 원 + (20년 - 10년) × 250만 원 = 4,000만 원

참조) 근속연수공제 (2023년 기준)

근속연수	근속연수공제
5년 이하	근속연수 × 100만 원
10년 이하	500만 원 + (근속연수 - 5) × 200만 원
20년 이하	1,500만 원 + (근속연수 - 10) × 250만 원
20년 초과	4,000만 원 + (근속연수 - 20) × 300만 원

2단계로 퇴직소득공제를 합니다.
계산: (1,000,000,000 × 40%) = 400,000,000

3단계로 과세할 퇴직소득 금액을 구합니다.
계산: 1,000,000,000 - 40,000,000 - 400,000,000
     = 560,000,000

4단계로 과세표준을 구합니다. 과세표준은 과세퇴직소득 금액에 근무 기간을 나눕니다.

계산: 560,000,000 ÷ 20년 = 28,000,000

5단계로 세율을 곱하여 세금을 구합니다.

계산: 28,000,000 × 15% − 1,260,000 = 2,940,000

6단계로 근무 기간을 곱하여 산출세액을 구합니다.

계산: 2,940,000 × 20년 = 58,800,000원

퇴직금 10억 원에 대한 세금이 5,880만 원인 이유는 퇴직소득공제로 4.4억 원을 차감한 후, 20년 근무 기간으로 나누어(연분) 세금을 부과하기 위한 기준인 과세표준을 낮추었기 때문입니다. 과세표준 2,800만 원에 15%를 곱하고 누진 공제액을 차감하여 계산하면 294만 원입니다.

이렇게 계산한 294만 원에 근무 기간 20년을 곱하여 산출세액을 계산하면 5,880만 원으로 실효세율은 5.9%입니다.

2) 2015년 퇴직하는 경우

1단계로 퇴직금 10억 원에서 20년 근무한 기간에 대한 근속연수공제 4,000만 원을 합니다.

계산: 1,500만 원 + (20년 - 10년) × 250만 원 = 4,000만 원

참조) 근속연수공제 (2023년 기준)

근속연수	근속연수공제
5년 이하	근속연수 × 100만 원
10년 이하	500만 원 + (근속연수 - 5) × 200만 원
20년 이하	1,500만 원 + (근속연수 - 10) × 250만 원
20년 초과	4,000만 원 + (근속연수 - 20) × 300만 원

2단계로 퇴직소득공제를 합니다.
계산: (1,000,000,000 × 40%) = 400,000,000

3단계로 과세할 퇴직소득 금액을 구합니다.
계산: 1,000,000,000 - 40,000,000 - 400,000,000
    = 560,000,000

4단계로 과세표준을 구합니다. 과세표준은 과세퇴직소득 금액에 근무 기간을 나눈 후 5(5배수 연승)를 곱합니다.
 계산: 560,000,000 × 5배 ÷ 20년 = 140,000,000

5단계로 세율을 곱하여 세금을 구합니다.
 계산: 140,000,000 × 35% − 15,440,000 = 33,560,000

6단계로 근무 기간을 곱하고 5(5배수 연분)를 나눈 후, 산출세액을 구합니다.
 계산: 33,560,000 ÷ 5배 × 20년 = 134,400,000원

퇴직금 10억 원을 받아 감에도 세금이 1억 3,440만 원인 이유는 퇴직소득공제로 4.4억 원을 차감한 후, 20년 근무 기간으로 나눈 후 5배수를 곱하여(5배수 연승) 과세표준을 낮추었기 때문입니다. 과세표준 1.4억 원에 해당하는 세율과 누진 공제를 차감하여 계산하면 3,360만 원입니다.

3,360만 원에 20년을 곱한 후 5배수를 나눈(5배수 연분) 산출세액은 1억 3,440만 원으로 실효세율은 13.4%입니다.

3) 2023년 퇴직하는 경우

1단계로 퇴직금 10억 원에서 20년 근무한 기간에 대한 근속연수공제 4,000만 원을 합니다.

계산: 1,500만 원 + (20년 - 10년) × 250만 원 = 4,000만 원

참조) 근속연수공제

근속연수	근속연수공제
5년 이하	근속연수 × 100만 원
10년 이하	500만 원 + (근속연수 - 5) × 200만 원
20년 이하	1,500만 원 + (근속연수 - 10) × 250만 원
20년 초과	4,000만 원 + (근속연수 - 20) × 300만 원

2단계로 환산급여를 계산합니다. 환산급여는 퇴직금에서 근속연수공제를 한 금액에 12(12배수 연승)를 곱하고 근속연수를 나누는 방식으로 계산합니다. 이렇게 계산하면 환산급여가 5억 7,600만 원입니다.

계산: (960.000.000원 × **12**) ÷ 20년 = 576,000,000원

3단계로 환산급여공제액을 계산합니다. 계산하면 2억 4,830만 원입니다. 환산급여가 3억 원이 초과하므로 다섯 번째 구간의 환산급여공제 계산식에 따라 계산하면 됩니다.

계산: 151,700,000원 + (576,000,000원 - 300,000,000원) × 35%
    = 248,300,000원

참조) 환산급여공제

	환산급여	환산급여공제
①	800만 원 이하	전액 공제
②	0.7억 원 이하	800만 원 + (환산급여 - 800만 원) × 60%
③	1억 원 이하	4,520만 원 + (환산급여 - 0.7억 원) × 55%
④	3억 원 이하	6,170만 원 + (환산급여 - 1.0억 원) × 45%
⑤	3억 원 초과	15,170만 원 + (환산급여 - 3.0억 원) × 35%

4단계로 과세표준을 구합니다. 과세표준을 계산하면 3억 2,770만 원입니다. 환산급여에서 바로 위 단계에서 계산한 환산급여공제액을 차감하여 계산합니다.

계산: 576,000,000원 - 248,300,000원 = 327,700,000원

5단계로 환산산출세액을 구합니다. 환산산출세액은 1억 514만 원입니다. 과세표준이 여섯 번째 구간에 해당하여 40%를 곱하고 누진 공제를 차감하여 계산합니다.

계산: (327,700,000원 × 40%) - 25,940,000원 = 105,140,000원

참조) 소득세 누진 공제

	과세표준	세율	누진공제
①	1,400만 원 이하	6%	
②	5,000만 원 이하	15%	1,260,000
③	8,800만 원 이하	24%	5,760,000
④	1.5억 원 이하	35%	15,440,000
⑤	3억 원 이하	38%	19,940,000
⑥	5억 원 이하	40%	25,940,000
⑦	10억 원 이하	42%	35,940,000
⑧	10억 원 초과	45%	65,940,000

6단계로 산출세액을 구합니다. 산출세액은 환산산출세액을 12(12배수 연분)로 나누고 근속연수 20을 다시 곱하는 방식으로 계산합니다.

계산: 105,140,000 ÷ 12 × 20년 = 175,233,333원

묻고 단계별로 정리해 주시겠습니까?

답하고 네. 아래 그림과 같은 단계를 거쳐 퇴직소득세를 계산합니다.

단계	계산해야 할 내용
1단계	근속연수공제를 한다.
2단계	환산급여를 계산한다.
3단계	환산급여공제액을 계산한다.
4단계	과세표준을 계산한다.
5단계	환산산출세액을 계산한다.
6단계	산출세액을 계산한다.

4강
| 경영인 정기보험의 활용

» 1. 경영인 정기보험의 장점
» 2. 보험료 손금처리에 대한 소송
» 3. 대법원판결

1. **경영인 정기보험의 장점:** 회사 위험에 대비, 퇴직금 지급 시 재무구조 개선 및 법인세를 절세할 수 있습니다.

2. **보험료 손금처리에 대한 소송:** 경영인 정기보험에 가입한 법인이, 가입을 권유한 설계사와 보험사를 대상으로 손해배상소송을 하였습니다. 매달 내는 보험료를 손금(비용)으로 처리할 수 있다는 설명과 적합성을 위반했다는 점이 인정되어 2014년 8월 29일 1심 판결이 났습니다. 원고(법인)가 1심에서 승소했습니다.

   이후, 1심에서 패소한 피고(설계사 등)가 항소하여, 2심에서 승소했습니다. 만기환급금이 없는 정기보험인 순수보장성 보험으로 만기 시에는 해약환급금이 0원이 되는 구조라는 점과 해당 보험료 전액을 비용으로 처리할 때 과세관청으로부터 과세처분을 받은 적이 없다는 점이 인정되어 피고의 손을 들어 주었습니다.
   (서울고등법원 2015.8.21. 선고 2014나47797 판결)

3. **대법원판결:** 2심에서 패소한 원고(법인)가 2심 결과에 불복하여 상고했으나, 대법원에서 2심 판결을 존중한다는 취지로 원고의 상고를 모두 기각했습니다.

1. 경영인 정기보험의 장점

 첫 번째, 경영인 정기보험의 장점 세 가지만 간추리면 다음과 같습니다. 회사 위험에 대한 대비, 퇴직금 지급 시 재무구조 개선 및 법인세 절세가 가능하다는 것입니다.

묻고 회사 위험에 대한 대비가 무슨 의미인가요?

답하고 중소기업은 CEO를 절대적으로 의존하면서 회사를 운영하고 있습니다. 만약, CEO가 사망하면 그 회사는 온전히 운영될 수 없습니다.

경영인 정기보험으로 퇴직금을 준비하면, 보험의 특성상 사망 보장을 동시에 받을 수 있습니다. 유고가 발생하면 거액의 사망보험금이 회사로 지급되어 보험금을 받은 회사는 다양한 용도로 보험금을 활용할 수 있습니다.

묻고 재무구조가 개선된다는 것이 무슨 의미인가요?

답하고 퇴직하는 임원에게 거액의 퇴직금을 지급하는 법인은 당해 판매관리비가 급격하게 증가하여 당기순이익을 급감시켜 결손이 발생합니다.

묻고 자세히 설명해 주세요.

답하고 30억 원의 매출에 대한 비용이 25억 원이라면, 해당 법인 이익은 5억 원이고, 법인세는 7,500만 원입니다.

계산: 30억 - 25억 = 5억
(5억 × 19%) - 2,000만 = 7,500만 원

하지만, 거액의 퇴직금을 지급한다면 매출 30억 원, 비용 35억 원(퇴직금 10억 원 포함)이 되어 5억 원의 결손이 발생합니다.

발생한 결손금은 향후 10년 동안 법인의 이익에 계속 영향을 미칩니다. 결손금이 완전히 없어지는 몇 년 동안은 재무구조가 부정적으로 보여 국세청, 은행 등 많은 이해관계인에게 경영 상태가 좋지 못한 회사로 보일 수 있습니다.

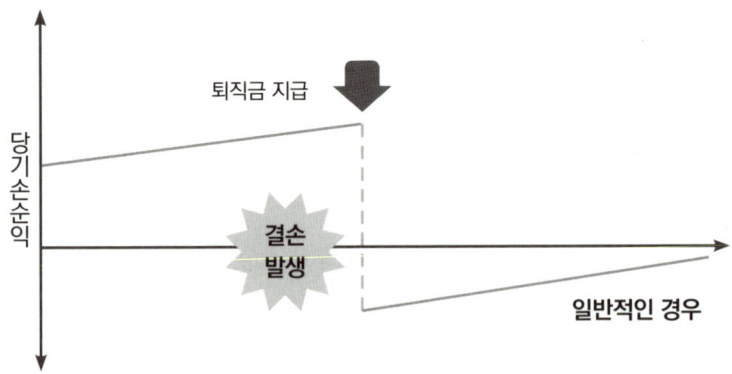

묻고 그러면 경영인 정기보험은 어떻게 재무구조를 개선합니까?

답하고 앞서 살펴본 회사와 비교해 보겠습니다. 매출 30억 원에 대한 비용이 25억 원이라면, 해당 법인의 당기순이익은 5억 원입니다. 하지만, 경영인 정기보험에 가입한 회사가 매년 내는 보험료가 1억 원이라면 당기순이익은 4억 원이고, 법인세는 5,600만 원입니다.

계산: 30억 - (25억 + 1억) = 4억
　　　(4억 × 19%) - 2,000만 = 5,600만 원

퇴직금 10억 원을 퇴직하는 시점에 일시 지급하는 것이 아니라 매년 비용으로 1억 원씩 적립한 후 퇴직하는 시점에 한꺼번에 찾아가는 효과가 있습니다. 그래서 재무구조에 급격한 변화가 없습니다.

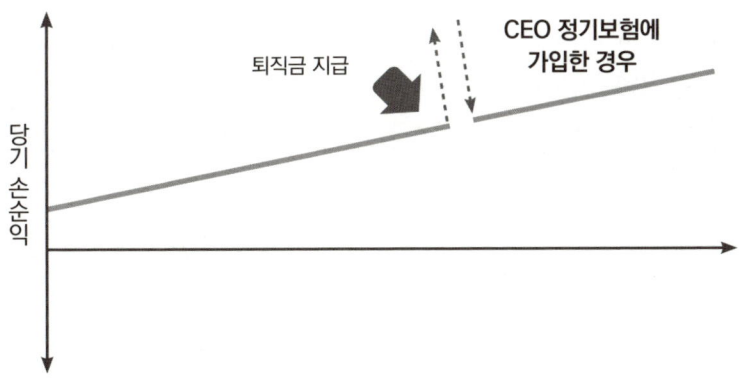

묻고 법인세 절세가 가능합니까?

답하고 네. 보험료는 법인세법 제19조에서 규정한 법인의 순자산을 감소시키는 비용에 해당하여 법인세를 줄일 수 있습니다. 다만, 명시적으로 경영인 정기보험의 보험료가 손금에 해당한다는 규정은 없습니다.

하지만, 국세청 서면답변 내용에 따른 예규나 대법원 판례를 통해 관례적으로 경영인 정기보험에 납입하는 보험료를 손금으로 인정하고 있습니다.

묻고 손금이 가능한 요건을 알고 싶습니다.

답하고 기본 조건을 설명하겠습니다.

"법인이 피보험자를 임원(대표이사 포함)으로, 수익자를 법인으로 하여 보장성 보험과 저축성 보험에 가입한 경우, 납입한 보험료 중 만기환급금에 상당하는 보험료 상당액은 자산으로 계상하고 기타의 부분은 이를 보험기간의 경과에 따라 손금으로 한다."

2. 보험료 손금처리에 대한 소송

두 번째, 보험료 손금처리에 대한 소송을 살펴보겠습니다. 2014년 1심 판결과 항소에 의한 2015년 2심 판결입니다. 1심에서는 원고(법인)승소, 2심에서는 피고(설계사 등)가 승소하였습니다.

 2014년 8월 29일 1심 판결 (사건: 2013가합86279)

묻고 사실관계를 먼저 설명해 주세요.

답하고 경영인 정기보험에 가입한 법인이, 가입을 권유한 설계사와 보험사(푸르덴셜)를 대상으로 해당 보험을 해약하여 받은 해약환급금이 보험료에 미치지 못한 차익을 배상하라는 소송입니다.

묻고 1심에서 어떤 판결이 났습니까?

답하고 1심 판결은 원고(A 법인)가 승소했습니다. 피고(설계사, P 보험사)는 원고가 주장한 손해배상금을 지급하라는 판결입니다.

설계사의 설명이 과장되고 사실적이지 못한 설명의무 위반에 따라 피고인 가입을 권유한 설계사는 손해배상책임이 있고, 설계사를 지휘·감독해야 하는 보험사는 민법 제756조에 정한 고용자로 같은 책임을 져야 한다는 판단입니다.

묻고 구체적으로 어떤 내용이 과장되고 사실적이지 못했나요?

답하고 원고는 설계사가 해당 상품을 법인이 가입하면, 납입 보험료 전액이 손비 처리되어 법인세 절감의 효과가 있다는 점만 설명하고, 해약하게 되면 어떤 효과가 발생하는지 정확하게 설명하지 않았습니다.

또한, 퇴직금 재원 마련이라는 원고의 목적에 적합하지 않은 보험계약의 체결을 권유하여 적합성의 원칙을 위반하였다는 내용입니다.

2015년 8월 21일 2심 판결 (사건: 2014나47797)

묻고   사실관계를 먼저 설명해 주세요.

답하고   2014년 8월 29일 1심 원고(법인) 승소 판결에 불복하여 피고(설계사 등)가 항소한 사건입니다.

묻고   2심에서 어떤 판결이 났습니까?

답하고   항소인, **피고(설계사, P 보험사)가 승소했습니다.** 원고(A 법인)의 주장이 모두 기각되었습니다.

묻고   2심 판결문을 정리해서 보여주세요.

답하고   판결문의 결론입니다.

"그렇다면 원고의 피고들에 대한 청구는 이유 없어 이를 모두 기각할 것인바, 제1심 판결은 이와 일부 결론을 달리하여 부당하므로, 피고들의 항소를 받아들여 제1심 판결 중 피고들 패소 부분을 취소함과 아울러 그 취소 부분에 해당하는 원고의 피고들에 대한 청구를 모두 기각한다."

묻고 법인세 절감을 허위 설명했다는 내용이 기각된 이유가 무엇입니까?

답하고 세 가지 이유 때문입니다.

① 이 사건 보험은 만기환급금이 없는 정기보험으로서 순수 보장성보험에 해당한다는 점

② 해약환급금이 보험기간 중 계속하여 적립되는 것이 아니라 보험기간 중 일정한 시점까지는 적립되다가 그 이후부터는 점차 감소하여 만기에는 해약환급금이 0원이 되는 구조로, 해약환급률이 최고인 시점에 해지해야만 지급 가능성이 100%일 뿐, 해지하지 않으면 누적된 해약환급금이 점차 감소하다가 결국 없어지는 구조라는 점.

③ 원고가 실제로 피고(설계사)의 설명과 같이 보험계약에 따라 납입한 보험료 전액을 비용(손금)으로 처리하였고, 이에 대하여 과세관청으로부터 이러한 세무처리가 잘못되었다는 이유로 가산세 등의 과세처분을 받은 적이 없음.

3. 대법원판결 (사건: 2015다56147)

세 번째, 대법원에서는 원고의 상고를 모두 기각하여, 2심 판결을 존중하는 **피고(설계사 등) 승소 판결**을 내렸습니다.

⚖ 2018년 8월 30일 대법원 판결 내용

묻고 먼저, 사실관계를 설명해 주세요.

답하고 경영인 정기보험에 가입한 A 법인이 중간 해지하여 받은 해약환급금이 원금에 미치지 못한다는 이유로 설계사에게 손해배상을 요구한 소송입니다.

묻고 대법원까지 오는 판결이 어떠했습니까?

답하고 1심은 피고(설계사 등)는 원고가 요구한 손해배상금을 지급하라는 **원고(A 법인) 승소 판결**을 내렸습니다.

이에 피고는 고등법원에 항소하여 2심의 판단을 받게 되었습니다. 2심에서는 1심 판결(2013가합86279) 중 피고들 패소 부분을 취소하고, 그 취소 부분에 해당하는 원고의 청구를 모두 기각하고 소송 총비용은 원고가 부담하는 **피고(설계사 등) 승소 판결**을 내렸습니다.

묻고 이러한 판단을 내린 근거를 알고 싶습니다.

답하고 판결문 내용입니다.

"원심은, 원고가 피고(설계사 등)가 설명한 것과 같이 납입하는 보험료 전액을 손금으로 처리하였고, 이에 대하여 세무처리가 잘못되었다는 이유로 과세처분을 받은 적이 없다는 등의 사정을 들어 피고에게 설명의무 위반이 있었다고 인정하기 어렵다고 판단하였다."

원심판결 이유를 관련 법리와 기록에 비추어 살펴보면, 원심의 이와 같은 판단은 수긍할 수 있고, 논리와 경험의 법칙을 위반하여 자유심증주의 한계를 벗어나거나, 보험계약 체결에 고객 보호 의무 또는 설명의무 등에 관한 법리를 오해한 잘못이 없다. 상고이유에서 들고 있는 판결은 이 사건과는 사안이 달라 원용하기 적절하지 아니하다."

원심 판결
서울고등법원 2015.8.21. 선고 2014나47797 판결

에필로그

매번 느끼지만, 책을 쓰는 것은 참 힘들다. 그런데 오늘도 글을 쓰고 있다. 그 이유는 다양하지만 가장 큰 이유는 사명감이다.

이 책을 접하는 중소기업 대표님은 우리 회사가 건강한 법인이 되기 위한 방법을 고민하고 실행해야 합니다. 우리 회사 발전에 도움이 될 좋은 파트너를 만나, 성장에 대한 큰 그림을 그린 후, 단계별 실행전략과 위험 관리 전략을 잘 구사한다면 강건하고 튼튼한 법인이 될 것입니다.

법인 컨설팅을 업(業)으로 하는 컨설턴트는 바쁜 시간을 쪼개어 대표님에게 설명할 자료를 따로 만들지 말고 저자의 오랜 경험을 가감없이 피력한 본 저서를 대표님과 상담 할 때 펴 놓고 설명하는 것을 추천합니다.

절세 전략은 "법"에서 출발합니다. 법인세법, 소득세법, 상속증여세법 등 법률과 법령을 잘 해석하면 그 안에 답이 있습니다. 세무사, 법무사, 변호사가 이야기하는 모든 말이 전부가 될 수 없습니다.

혹자들은 이렇게 이야기합니다. "임원 퇴직금 규정을 3배로 해야 한다, 2배로 해야 한다" 모두가 정답이 아닙니다. 각 회사가 처한 환경에 따라 달라집니다. "가족 법인을 만들어 차등배당을 하면 안된다, 배우자에게 주식을 증여하고 증여받은 주식을 이익소각이나 양도로 처분하면 안된다" 모두가 거짓입니다. 그 어느 법에도 하지 말라고 하는 내용은 없습니다.

대표님. 과세관청은 절차와 정당성에 따라 평가합니다. 법에서 정하고 있는 절차와 그 행위에 대한 정당성이 확보된다면 가능합니다.

건승과 건강이 함께하기를 기원합니다.

2024년 6월

저자 정원덕, 장재호, 양정현